Das 2. Geschichtsbuch
aus dem Alten Testament der Bibel

# Das Buch der Richter

*Vom Abfall von Gott und dessen Folgen,
dem Appell an seiner Gottestreue festzuhalten,
der Möglichkeit zur Umkehr
auch wenn man gefallen ist und der Erkenntnis,
dass ein Bruch mit Gott
zu einem Bruch mit den Menschen führt*

*Übersetzung nach
Martin Luther 1545*

*Bibliografische Information der Deutschen Nationalbiblio-
thek:*
*Die Deutsche Nationalbibliothek verzeichnet diese Publika-
tion in der Deutschen Nationalbibliografie; detaillierte bibliografische Daten sind im Internet über http://dnb.dnb.de
abrufbar.*

*TWENTYSIX – Der Self-Publishing-Verlag*
*Eine Kooperation zwischen der Verlagsgruppe Random
House und BoD – Books on Demand*

*Herstellung und Verlag:*
*BoD – Books on Demand, Norderstedt*

*ISBN: 978-3-740-78218-4*

*Übersetzung:* **Martin Luther 1545**

*Layout, Schriftsatz, Formatierung:*
**Antonia Katharina Tessnow**
**www.antonia-katharina.de**

# 1. Kapitel

*Der Stamm Juda hebt nach Josuas Tod*
*den Krieg an.*
*Nicht alle Kanaaniter werden vertrieben.*

1 Nach dem Tod Josuas fragten die Kinder Israel den HERRN und sprachen: Wer soll unter uns zuerst hinaufziehen, Krieg zu führen wider die Kanaaniter?

2 Der HERR sprach: Juda soll hinaufziehen. Siehe, ich habe das Land in seine Hand gegeben.

3 Da sprach Juda zu seinem Bruder Simeon: Zieh mit mir hinauf in mein Los und laß uns wider die Kanaaniter streiten, so will ich wieder mit dir ziehen in dein Los. Also zog Simeon mit ihm.

4 Da nun Juda hinaufzog, gab der HERR die Kanaaniter und Pheresiter in ihre Hände, und sie schlugen zu Besek zehntausend Mann.

5 Und fanden den Adoni-Besek zu Besek und stritten wider ihn und schlugen die Kanaaniter und Pheresiter.

6 Aber Adoni-Besek floh, und sie jagten ihm nach; und da sie ihn ergriffen, hieben sie ihm die Daumen ab an seinen Händen und Füßen.

7 Da sprach Adoni-Besek: Siebzig Könige mit abgehauenen Daumen ihrer Hände und Füße lasen auf unter meinem Tisch. Wie ich nun getan habe, so hat mir Gott wieder vergolten. Und man brachte ihn gen Jerusalem; daselbst starb er.

8 Aber die Kinder Juda stritten wider Jerusalem und gewannen es und schlugen es mit der Schärfe des Schwerts und zündeten die Stadt an.

9 Darnach zogen die Kinder Juda herab, zu streiten wider die Kanaaniter, die auf dem Gebirge und gegen Mittag und in den Gründen wohnten.

10 Und Juda zog hin wider die Kanaaniter, die zu Hebron wohnten (Hebron aber hieß vorzeiten Kirjath-Arba), und sie schlugen den Sesai und Ahiman und Thalmai.

11 Und zogen von da wider die Einwohner zu Debir (Debir aber hieß vorzeiten Kirjath-Sepher).

12 Und Kaleb sprach: Wer Kirjath-

Sepher schlägt und gewinnt, dem will ich meine Tochter Achsa zum Weibe geben.

13 Da gewann es Othniel, der Sohn des Kenas, Kalebs jüngerer Bruder. Und er gab ihm seine Tochter Achsa zum Weibe.

14 Und es begab sich, da sie einzog, beredete sie ihn, einen Acker zu fordern von ihrem Vater. Und sie stieg vom Esel; da sprach Kaleb zu ihr: Was ist dir?

15 Sie sprach: Gib mir einen Segen! Denn du hast mir ein Mittagsland gegeben; gib mir auch Wasserquellen! Da gab er ihr die Quellen oben und unten.

16 Und die Kinder des Keniters, Mose's Schwagers, zogen herauf aus der Palmenstadt mit den Kindern Juda in die Wüste Juda, die da liegt gegen Mittag der Stadt Arad, und gingen hin und wohnten unter dem Volk.

17 Und Juda zog hin mit seinem Bruder Simeon, und schlugen die Kanaaniter zu Zephath und verbannten sie und nannten die Stadt Horma.

18 Dazu gewann Juda Gaza mit seinem Zugehör und Askalon mit seinem Zugehör und Ekron mit seinem Zugehör.

19 Und der HERR war mit Juda, daß er das Gebirge einnahm; denn er konnte die Einwohner im Grunde nicht vertreiben, darum daß sie eiserne Wagen hatten.

20 Und sie gaben dem Kaleb Hebron, wie Mose gesagt hatte; und er vertrieb daraus die drei Söhne des Enak.

21 Aber die Kinder Benjamin vertrieben die Jebusiter nicht, die zu Jerusalem wohnten; sondern die Jebusiter wohnten bei den Kindern Benjamin zu Jerusalem bis auf diesen Tag.

22 Desgleichen zogen auch die Kinder Joseph hinauf gen Beth-El, und der HERR war mit ihnen.

23 Und das Haus Josephs ließ auskundschaften Beth-El, das vorzeiten Lus hieß.

24 Und die Wächter sahen einen Mann aus der Stadt gehen und sprachen zu ihm: Weise uns, wo wir in die Stadt kommen, so wollen wir Barmherzigkeit an dir tun.

25 Und da er ihnen zeigte, wo sie in die Stadt kämen, schlugen sie die Stadt mit der Schärfe des Schwerts; aber den Mann und all sein Geschlecht ließen sie gehen.

26 Da zog derselbe Mann ins Land der Hethiter und baute eine Stadt und hieß sie Lus; die heißt noch heutigestages also.

27 Und Manasse vertrieb nicht Beth-Sean mit den zugehörigen Orten noch Thaanach mit den zugehörigen Orten noch die Einwohner zu Dor mit den zugehörigen Orten noch die Einwohner zu Jibleam mit den zugehörigen Orten noch die Einwohner zu Megiddo mit den zugehörigen Orten; und die Kanaaniter blieben wohnen im Land.

28 Da aber Israel mächtig war, machte es die Kanaaniter zinsbar und vertrieb sie nicht.

29 Desgleichen vertrieb auch Ephraim die Kanaaniter nicht, die zu Geser wohnten, sondern die Kanaaniter wohnten unter ihnen zu Geser.

30 Sebulon vertrieb auch nicht die Einwohner von Kitron und Nahalol; sondern die Kanaaniter wohnten unter ihnen und waren zinsbar.

31 Asser vertrieb die Einwohner zu Akko nicht noch die Einwohner zu Sidon, zu Ahelab, zu Achsib, zu Helba, zu Aphik und zu Rehob;

32 sondern die Asseriter wohnten unter den Kanaanitern, die im Lande wohnten, denn sie vertrieben sie nicht.

33 Naphthali vertrieb die Einwohner nicht zu Beth-Semes noch zu Beth-Anath, sondern wohnte unter den Kanaanitern, die im Lande wohnten. Aber die zu Beth-Semes und zu Beth-Anath wurden zinsbar.

34 Und die Amoriter drängten die Kinder Dan aufs Gebirge und ließen nicht zu, daß sie herunter in den Grund kämen.

35 Und die Amoriter blieben wohnen auf dem Gebirge Heres, zu Ajalon und Saalbim. Doch ward ihnen die Hand des Hauses Joseph zu schwer, und wurden zinsbar.

36 Und die Grenze der Amoriter war, da man nach Akrabbim hinaufgeht, von dem Fels an und weiter hinauf.

## 2. Kapitel


*Israels Ungehorsam und Reue.*
*Wankelmut und Strafe. Richter.*

1 Es kam aber der Engel des HERRN herauf von Gilgal gen Bochim und sprach: Ich habe euch aus Ägypten heraufgeführt und in das Land gebracht, das ich euren Vätern geschworen habe, und sprach, ich wollte meinen Bund mit euch nicht brechen ewiglich;

2 ihr aber solltet keinen Bund machen mit den Einwohnern dieses Landes und ihre Altäre zerbrechen. Aber ihr habt meiner Stimme nicht gehorcht. Warum habt ihr das getan?

3 Da sprach ich auch: Ich will sie nicht vertreiben vor euch, daß sie euch zum Strick werden und ihre Götter zum Netz.

4 Und da der Engel des HERRN solche Worte geredet hatte zu allen Kinder Israel, hob das Volk seine Stimme auf und weinte,

5 und hießen die Stätte Bochim und opferten daselbst dem HERRN.

6 Als Josua das Volk von sich gelassen

hatte und die Kinder Israel hingezogen waren, ein jeglicher in sein Erbteil, das Land einzunehmen,

7 diente das Volk dem HERRN, solange Josua lebte und die Ältesten, die noch lange nach Josua lebten und alle die großen Werke des HERRN gesehen hatten, die er getan hatte.

8 Da nun Josua, der Sohn Nuns, gestorben war, der Knecht des HERRN, als er hundertundzehn Jahre alt war,

9 begruben sie ihn in den Grenzen seines Erbteils zu Thimnath-Heres auf dem Gebirge Ephraim, mitternachtwärts vom Berge Gaas.

10 Da auch alle, die zu der Zeit gelebt hatten, zu ihren Vätern versammelt wurden, kam nach ihnen ein andres Geschlecht auf, das den HERRN nicht kannte noch sein Werke, die er an Israel getan hatte.

11 Da taten die Kinder Israel übel vor dem HERRN und dienten den Baalim

12 und verließen den HERRN, ihrer Väter Gott, der sie aus Ägyptenland geführt hatte, und folgten andern Göttern nach von den Göttern der Völker, die um

sie her wohnten, und beteten sie an und erzürnten den HERRN;

13 denn sie verließen je und je den HERRN und dienten Baal und den Astharoth.

14 So ergrimmte der Zorn des HERRN über Israel und gab sie in die Hand der Räuber, daß diese sie beraubten, und verkaufte sie in die Hände ihrer Feinde umher. Und sie konnten nicht mehr ihren Feinden widerstehen;

15 sondern wo sie hinaus wollten, da war des HERRN Hand wider sie zum Unglück, wie denn der HERR ihnen gesagt und geschworen hatte. Und sie wurden hart gedrängt.

16 Wenn dann der HERR Richter auferweckte, die ihnen halfen aus der Räuber Hand,

17 so gehorchten sie den Richtern auch nicht, sondern liefen andern Göttern nach und beteten sie an und wichen bald von dem Weg, darauf ihre Väter gegangen waren, des HERRN Geboten zu gehorchen, und taten nicht wie dieselben.

18 Wenn aber der HERR ihnen Richter erweckte, so war der HERR mit dem

Richter und half ihnen aus ihrer Feinde Hand, solange der Richter lebte. Denn es jammerte den HERRN ihr Wehklagen über die, so sie zwangen und drängten.

19 Wenn aber der Richter starb, so wandten sie sich und verderbten es mehr denn ihre Väter, daß sie andern Göttern folgten, ihnen zu dienen und sie anzubeten; sie ließen nicht von ihrem Vornehmen noch von ihrem halsstarrigen Wesen.

20 Darum ergrimmte denn des HERRN Zorn über Israel, daß er sprach: Weil dies Volk meinen Bund übertreten hat, den ich ihren Vätern geboten habe, und gehorchen meiner Stimme nicht,

21 so will ich auch hinfort die Heiden nicht vertreiben, die Josua hat gelassen, da er starb,

22 daß ich Israel durch sie versuche, ob sie auf dem Wege des HERRN bleiben, daß sie darin wandeln, wie ihre Väter geblieben sind, oder nicht.

23 Also ließ der HERR diese Heiden, daß er sie nicht bald vertrieb, die er nicht hatte in Josuas Hand übergeben.

# 3. Kapitel

*Israels Abgötterei und Unterjochung.*
*Befreiung durch Othniel, Ehud und Samgar.*

1 Dies sind die Heiden, die der HERR ließ bleiben, daß er durch sie Israel versuchte, alle, die nicht wußten um die Kriege Kanaans,

2 und daß die Geschlechter der Kinder Israel wüßten und lernten streiten, die zuvor nichts darum wußten,

3 nämlich die fünf Fürsten der Philister und alle Kanaaniter und Sidonier und Heviter, die am Berg Libanon wohnten, von dem Berg Baal-Hermon an, bis wo man kommt gen Hamath.

4 Dieselben blieben, Israel durch sie zu versuchen, daß es kund würde, ob sie den Geboten des HERRN gehorchten, die er ihren Vätern geboten hatte durch Mose.

[1 Folgendes sind aber die Völkerschaften, die der HERR hat weiter bestehen lassen, um durch sie die Israeliten auf die Probe zu stellen, nämlich alle die, welche die sämtlichen Kämpfe um Kanaan nicht mitgemacht hatten –

2 [nur damit die Geschlechter der Israeliten Kenntnis von denselben erhielten, um sie die Kriegsführung zu lehren, und zwar nur die, welche von den früheren Kämpfen nichts erleb] –:

3 die fünf Fürsten der Philister, alle Kanaanäer, die Sidonier und Hewiter, die im Libanongebirge wohnen, vom Berge Baal-Hermon an bis in die Gegend von Hamath.

4 Durch diese wollte er nämlich Israel auf die Probe stellen, damit es sich zeige, ob sie den Geboten des HERRN gehorchen würden, die er ihren Vätern durch Mose zur Pflicht gemacht hatte. (1)]

5 Da nun die Kinder Israel also wohnten unter den Kanaanitern, Hethitern, Amoritern, Pheresitern, Hevitern und Jebusitern,

6 nahmen sie jener Töchter zu Weibern und gaben ihre Töchter jenen Söhnen und dienten jenen Göttern.

7 Und die Kinder Israel taten übel vor dem HERRN und vergaßen des HERRN, ihres Gottes, und dienten den Baalim und den Ascheroth.

8 Da ergrimmte der Zorn des HERRN über Israel, und er verkaufte sie unter die Hand Kusan-Risathaims, des Königs von Mesopotamien; und dienten also die Kinder Israel dem Kusan-Risathaim acht Jahre.

9 Da schrieen die Kinder Israel zu dem HERRN; und der HERR erweckte ihnen einen Heiland, der sie erlöste; Othniel, den Sohn Kenas, Kalebs jüngsten Bruder.

10 Und der Geist des HERRN kam auf ihn, und er ward Richter in Israel und zog aus zum Streit. Und der HERR gab den König von Mesopotamien, Kusan-Risathaim, in seine Hand, daß seine Hand über ihn zu stark ward.

11 Da ward das Land still vierzig Jahre. Und Othniel, der Sohn Kenas, starb.

12 Aber die Kinder Israel taten fürder übel vor dem HERRN. Da stärkte der HERR den Eglon, den König der Moabiter, wider Israel, darum daß sie übel taten vor dem HERRN.

13 Und er sammelte zu sich die Kinder Ammon und die Amalekiter und zog hin und schlug Israel und nahm ein die Palmenstadt.

14 Und die Kinder Israel dienten Eglon, dem König der Moabiter, achtzehn Jahre.

15 Da schrieen sie zu dem HERRN; und der HERR erweckte ihnen einen Heiland: Ehud, den Sohn Geras, den Benjaminiten, der war links. Und da die Kinder Israel durch ihn Geschenk sandten Eglon, dem König der Moabiter,

16 machte sich Ehud ein zweischneidig Schwert, eine Elle lang, und gürtete es unter sein Kleid auf seine rechte Hüfte

17 und brachte das Geschenk dem Eglon, dem König der Moabiter. Eglon aber war ein sehr fetter Mann.

18 Und da er das Geschenk hatte überantwortet, ließ er das Volk von sich, die das Geschenk getragen hatten,

19 und kehrte um von den Götzen zu Gilgal und ließ ansagen: Ich habe, o König, dir was Heimliches zu sagen. Er aber hieß schweigen, und gingen aus von ihm alle, die um ihn standen.

20 Und Ehud kam zu ihm hinein. Er aber saß oben in der Sommerlaube, die für ihn allein war. Und Ehud sprach: Ich habe Gottes Wort an dich. Da stand er auf vom Stuhl.

21 Ehud aber reckte seine linke Hand aus und nahm das Schwert von seiner rechten Hüfte und stieß es ihm in seinen Bauch,

22 daß auch das Heft der Schneide nach hineinfuhr und das Fett das Heft verschloß; denn er zog das Schwert nicht aus seinem Bauch.

23 Aber Ehud ging zum Saal hinaus und tat die Tür der Sommerlaube hinter sich zu und verschloß sie.

24 Da er nun hinaus war, kamen seine Knechte und sahen, daß die Tür verschlossen war, und sprachen: Er ist vielleicht zu Stuhl gegangen in der Kammer an der Sommerlaube.

25 Da sie aber so lange harrten, bis sie sich schämten (denn niemand tat die Tür der Laube auf), nahmen sie den Schlüssel und schlossen auf; siehe, da lag ihr Herr auf der Erde tot.

26 Ehud aber war entronnen, dieweil sie verzogen, und ging an den Götzen vorüber und entrann bis gen Seira.

27 Und da er hineinkam, blies er die Posaune auf dem Gebirge Ephraim. Und die Kinder Israel zogen mit ihm vom

Gebirge und er vor ihnen her,

28 und sprach zu ihnen: Jagt mir nach; denn der HERR hat euch die Moabiter, eure Feinde, in eure Hände gegeben! Und sie jagten ihm nach und gewannen die Furten am Jordan, die gen Moab gehen, und ließen niemand hinüber

29 und schlugen die Moabiter zu der Zeit, bei zehntausend Mann, allzumal die besten und streitbare Männer, daß nicht einer entrann.

30 Also wurden die Moabiter zu der Zeit unter die Hand der Kinder Israel gedämpft. Und das Land war still achtzig Jahre.

31 Darnach war Samgar, der Sohn Anaths; der schlug sechshundert Philister mit einem Ochsenstecken, und auch er erlöste Israel.


## 4. Kapitel

*Jabin unterdrückt Israel, wird von Barak und Debora besiegt. Sisera von Jael getötet.*

1 Aber die Kinder Israel taten fürder

übel vor dem HERRN, da Ehud gestorben war.

2 Und der HERR verkaufte sie in die Hand Jabins, des Königs der Kanaaniter, der zu Hazor saß; und sein Feldhauptmann war Sisera, und er wohnte zu Haroseth der Heiden.

3 Und die Kinder Israel schrieen zum HERRN; denn er hatte neunhundert eiserne Wagen und zwang die Kinder Israel mit Gewalt zwanzig Jahre.

4 Zu der Zeit war Richterin in Israel die Prophetin Debora, das Weib Lapidoths.

5 Und sie wohnte unter der Palme Deboras zwischen Rama und Beth-El auf dem Gebirge Ephraim. Und die Kinder Israel kamen zu ihr hinauf vor Gericht.

6 Diese sandte hin und ließ rufen Barak, den Sohn Abinoams von Kedes-Naphthali, und ließ ihm sagen: Hat dir nicht der HERR, der Gott Israels, geboten: Gehe hin und zieh auf den Berg Thabor und nimm zehntausend Mann mit dir von den Kindern Naphthali und Sebulon?

7 Denn ich will Sisera, den Feldhauptmann Jabins, zu dir ziehen an das Wasser Kison mit seinen Wagen und

mit seiner Menge und will ihn in deine Hände geben.

8 Barak sprach zu ihr: Wenn du mit mir ziehst, so will ich ziehen; ziehst du aber nicht mit mir, so will ich nicht ziehen.

9 Sie sprach: Ich will mit dir ziehen, aber der Preis wird nicht dein sein auf dieser Reise, die du tust, sondern der HERR wird Sisera in eines Weibes Hand übergeben. Also machte sich Debora auf und zog mit Barak gen Kedes.

10 Da rief Barak Sebulon und Naphthali gen Kedes, und es zogen hinauf ihm nach zehntausend Mann. Debora zog auch mit ihm.

11 (Heber aber, der Keniter, war von den Kenitern, von den Kindern Hobabs, Mose's Schwagers, weggezogen und hatte seine Hütte aufgeschlagen bei den Eichen zu Zaanannim neben Kedes.)

12 Da ward Sisera angesagt, daß Barak, der Sohn Abinoams, auf den Berg Thabor gezogen wäre.

13 Und er rief alle seine Wagen zusammen, neunhundert eiserne Wagen, und alles Volk, das mit ihm war, von Haroseth der Heiden an das Wasser

Kison.

14 Debora aber sprach zu Barak: Auf! das ist der Tag, da dir der HERR den Sisera hat in deine Hand gegeben; denn der HERR wird vor dir her ausziehen. Also zog Barak von dem Berge Thabor herab und die zehntausend Mann ihm nach.

15 Aber der HERR erschreckte den Sisera samt allen seinen Wagen und ganzem Heer vor der Schärfe des Schwertes Baraks, daß Sisera von seinem Wagen sprang und floh zu Fuß.

16 Barak aber jagte nach den Wagen und dem Heer bis gen Haroseth der Heiden. Und alles Heer Siseras fiel vor der Schärfe des Schwerts, daß nicht einer übrigblieb.

17 Sisera aber floh zu Fuß in die Hütte Jaels, des Weibes Hebers, des Keniters. Denn der König Jabin zu Hazor und das Haus Hebers, des Keniters, standen miteinander im Frieden.

18 Jael aber ging heraus, Sisera entgegen, und sprach zu ihm: Weiche, mein Herr, weiche zu mir und fürchte dich nicht! Und er wich zu ihr in die Hütte,

und sie deckte ihn zu mit einer Decke.

19 Er aber sprach zu ihr: Gib mir doch ein wenig Wasser zu trinken, denn mich dürstet. Da tat sie auf einen Milchtopf und gab ihm zu trinken und deckte ihn zu.

20 Und er sprach zu ihr: Tritt in der Hütte Tür, und wenn jemand kommt und fragt, ob jemand hier sei, so sprich: Niemand.

21 Da nahm Jael, das Weib Hebers, einen Nagel von der Hütte und einen Hammer in ihre Hand und ging leise zu ihm hinein und schlug ihm den Nagel durch seine Schläfe, daß er in die Erde drang. Er aber war entschlummert, ward ohnmächtig und starb.

22 Da aber Barak Sisera nachjagte, ging Jael heraus, ihm entgegen, und sprach zu ihm: Gehe her! ich will dir den Mann zeigen, den du suchst. Und da er zu ihr hineinkam, lag Sisera tot, und der Nagel steckte in seiner Schläfe.

23 Also dämpfte Gott zu der Zeit Jabin, der Kanaaniter König, vor den Kindern Israel.

24 Und die Hand der Kinder Israel ward immer stärker wider Jabin, der Kanaaniter König, bis sie ihn ausrotteten.

# 5. Kapitel

*Der Debora und Baraks Triumphlied.*

1 Da sang Debora und Barak, der Sohn Abinoams, zu der Zeit und sprachen:

2 Lobet den HERRN, daß Israel wieder frei geworden ist und das Volk willig dazu gewesen ist.

3 Höret zu, ihr Könige, und merket auf, ihr Fürsten! Ich will, dem HERRN will ich singen; dem HERRN, dem Gott Israels, will ich spielen.

4 HERR, da du von Seir auszogst und einhergingst vom Felde Edoms, da erzitterte die Erde, der Himmel troff, und die Wolken troffen von Wasser.

5 Die Berge ergossen sich vor dem HERRN, der Sinai vor dem HERRN, dem Gott Israels.

6 Zu den Zeiten Samgars, des Sohnes Anaths, zu den Zeiten Jaels waren verlassen die Wege; und die da auf Straßen gehen sollten, die wandelten durch krumme Wege.

7 Es gebrach, an Regiment gebrach's in Israel, bis daß ich, Debora, aufkam, bis

ich aufkam, eine Mutter in Israel.

8 Ein Neues hat Gott erwählt, er hat die Tore bestritten. Es war kein Schild noch Speer unter vierzigtausend in Israel zu sehen.

9 Mein Herz ist mit den Gebietern Israels, mit denen, die willig waren unter dem Volk. Lobet den HERRN!

10 Die ihr auf schönen Eselinnen reitet, die ihr auf Teppichen sitzet, und die ihr auf dem Wege gehet: singet!

11 Da die Schützen schreien zwischen den Schöpf-Rinnen, da sage man von der Gerechtigkeit des HERRN, von der Gerechtigkeit seines Regiments in Israel. Da zog des HERRN Volk herab zu den Toren.

12 Wohlauf, wohlauf, Debora! Wohlauf, wohlauf, und singe ein Lied! Mache dich auf, Barak, und fange deine Fänger, du Sohn Abinoams!

13 Da zog herab, was übrig war von Herrlichen im Volk; der HERR zog mit mir herab unter den Helden.

14 Aus Ephraim die, so ihre Wurzel haben in Amalek, und nach dir Benjamin in deinem Volk; von Machir zogen

Gebieter herab und von Sebulon, die den Führerstab hielten.

15 Und Fürsten zu Isaschar waren mit Debora. Und Isaschar war wie Barak, in den Grund gesandt ihm nach. Ruben hielt hoch von sich und sonderte sich von uns.

16 Warum bleibst du zwischen den Hürden, zu hören das Blöken der Herden, und hältst groß von dir und sonderst dich von uns?

17 Gilead blieb jenseit des Jordans. Und warum wohnt Dan unter den Schiffen? Asser saß an der Anfurt des Meers und blieb an seinen zerrissenen Ufern.

18 Sebulons Volk aber wagte seine Seele in den Tod, Naphthali auch auf der Höhe des Gefildes.

19 Die Könige kamen und stritten; da stritten die Könige der Kanaaniter zu Thaanach am Wasser Megiddos; aber sie brachten keinen Gewinn davon.

20 Vom Himmel ward wider sie gestritten; die Sterne in ihren Bahnen stritten wider Sisera.

21 Der Bach Kison wälzte sie, der Bach Kedumin, der Bach Kison. Tritt, meine Seele, auf die Starken!

22 Da rasselten der Pferde Füße von dem Jagen ihrer mächtigen Reiter.

23 Fluchet der Stadt Meros, sprach der Engel des HERRN; fluchet ihren Bürgern, daß sie nicht kamen dem HERRN zu Hilfe, zu Hilfe dem HERRN unter den Helden!

24 Gesegnet sei unter den Weibern Jael, das Weib Hebers, des Keniters; gesegnet sei sie in der Hütte unter den Weibern!

25 Milch gab sie, da er Wasser forderte, und Butter brachte sie dar in einer herrlichen Schale.

26 Sie griff mit ihrer Hand den Nagel und mit ihrer Rechten den Schmiedhammer und schlug Sisera durch sein Haupt und zerquetschte und durchbohrte seine Schläfe.

27 Zu ihren Füßen krümmte er sich, fiel nieder und legte sich; er krümmte sich, fiel nieder zu ihren Füßen; wie er sich krümmte, so lag er verderbt.

28 Die Mutter Siseras sah zum Fenster hinaus und heulte durchs Gitter: Warum verzieht sein Wagen, daß er nicht kommt? Wie bleiben die Räder seiner Wagen so dahinten?

29 Die weisesten unter ihren Frauen

antworteten, da sie ihre Klageworte immer wiederholte:

30 Sollen sie denn nicht finden und austeilen den Raub, einem jeglichen Mann eine Dirne oder zwei zur Ausbeute und Sisera bunte gestickte Kleider zur Ausbeute, gestickte bunte Kleider um dem Hals zur Ausbeute?

31 Also müssen umkommen, HERR, alle deine Feinde! Die ihn aber liebhaben, müssen sein, wie die Sonne aufgeht in ihrer Macht! - Und das Land war still vierzig Jahre.


## 6. Kapitel

*Gideon zum Richter berufen.*

1 Und da die Kinder Israel übel taten vor dem HERRN, gab sie der HERR unter die Hand der Midianiter sieben Jahre.

2 Und da der Midianiter Hand zu stark ward über Israel, machten die Kinder Israel für sich Klüfte in den Gebirgen und Höhlen und Festungen.

3 Und wenn Israel etwas säte, so kamen

die Midianiter und Amalekiter und die aus dem Morgenlande herauf über sie

4 und lagerten sich wider sie und verderbten das Gewächs auf dem Lande bis hinan gen Gaza und ließen nichts übrig von Nahrung in Israel, weder Schafe noch Ochsen noch Esel.

5 Denn sie kamen herauf mit ihrem Vieh und Hütten wie eine große Menge Heuschrecken, daß weder sie noch ihre Kamele zu zählen waren, und fielen ins Land, daß sie es verderbten.

6 Also war Israel sehr gering vor den Midianitern. Da schrieen die Kinder Israel zu dem HERRN.

7 Als sie aber zu dem HERRN schrieen um der Midianiter willen,

8 sandte der HERR einen Propheten zu ihnen, der sprach zu ihnen: So spricht der HERR, der Gott Israels: Ich habe euch aus Ägypten geführt und aus dem Diensthause gebracht

9 und habe euch errettet von der Ägypter Hand und von der Hand aller, die euch drängten, und habe sie vor euch her ausgestoßen und ihr Land euch gegeben

10 und sprach zu euch: Ich bin der HERR, euer Gott; fürchtet nicht der Amoriter Götter, in deren Lande ihr wohnt. Und ihr habt meiner Stimme nicht gehorcht.

11 Und der Engel des HERRN kam und setzte sich unter eine Eiche zu Ophra, die war des Joas, des Abiesriters; und sein Sohn Gideon drosch Weizen in der Kelter, daß er ihn bärge vor den Midianitern.

12 Da erschien ihm der Engel des HERRN und sprach zu ihm: Der HERR mit dir, du streitbarer Held!

13 Gideon aber sprach zu ihm: Mein Herr, ist der HERR mit uns, warum ist uns denn solches alles widerfahren? Und wo sind alle die Wunder, die uns unsre Väter erzählten und sprachen: Der HERR hat uns aus Ägypten geführt? Nun aber hat uns der HERR verlassen und unter der Midianiter Hände gegeben.

14 Der HERR aber wandte sich zu ihm und sprach: Gehe hin in dieser deiner Kraft; du sollst Israel erlösen aus der Midianiter Händen. Siehe, ich habe dich gesandt.

15 Er aber sprach zu ihm: Mein Herr, womit soll ich Israel erlösen? Siehe, meine Freundschaft ist die geringste in Manasse, und ich bin der Kleinste in meines Vaters Hause.

16 Der HERR aber sprach zu ihm: Ich will mit dir sein, daß du die Midianiter schlagen sollst wie einen einzelnen Mann.

17 Er aber sprach zu ihm: Habe ich Gnade vor dir gefunden, so mache mir doch ein Zeichen, daß du es seist, der mit mir redet;

18 weiche nicht, bis ich zu dir komme und bringe mein Speisopfer und es vor dir hinlege. Er sprach: Ich will bleiben bis daß du wiederkommst.

19 Und Gideon kam und richtete zu ein Ziegenböcklein und ein Epha ungesäuerten Mehls und legte das Fleisch in einen Korb und tat die Brühe in einen Topf und brachte es zu ihm heraus unter die Eiche und trat herzu.

20 Aber der Engel Gottes sprach zu ihm: Nimm das Fleisch und das Ungesäuerte und lege es hin auf den Fels, der hier ist, und gieß die Brühe aus. Und er tat also.

21 Da reckte der Engel des HERRN den

Stecken aus, den er in der Hand hatte, und rührte mit der Spitze das Fleisch und das Ungesäuerte an. Und das Feuer fuhr aus dem Fels und verzehrte das Fleisch und das Ungesäuerte. Und der Engel des HERRN verschwand aus seinen Augen.

22 Da nun Gideon sah, daß es der Engel des HERRN war, sprach er: Ach HERR HERR! habe ich also den Engel des HERRN von Angesicht gesehen?

23 Aber der HERR sprach zu ihm: Friede sei mit dir! Fürchte dich nicht; du wirst nicht sterben.

24 Da baute Gideon daselbst dem HERRN einen Altar und hieß ihn: Der HERR ist der Friede. Der steht noch bis auf diesen heutigen Tag zu Ophra, der Stadt der Abiesriter.

25 Und in derselben Nacht sprach der HERR zu ihm: Nimm einen Farren unter den Ochsen, die deines Vaters sind, und einen andern Farren, der siebenjährig ist, und zerbrich den Altar Baals, der deines Vaters ist, und haue um das Ascherabild, das dabei steht,

26 und baue dem HERRN, deinem Gott, oben auf der Höhe dieses Felsens einen

Altar und rüste ihn zu und nimm den andern Farren und opfere ein Brandopfer mit dem Holz des Ascherabildes, das du abgehauen hast.

27 Da nahm Gideon zehn Männer aus seinen Knechten und tat, wie ihm der HERR gesagt hatte. Aber er fürchtete sich, solches zu tun des Tages, vor seines Vaters Haus und den Leuten in der Stadt, und tat's bei der Nacht.

28 Da nun die Leute in der Stadt des Morgens früh aufstanden, siehe, da war der Altar Baals zerbrochen und das Ascherabild dabei abgehauen und der andere Farre ein Brandopfer auf dem Altar, der gebaut war.

29 Und einer sprach zu dem andern: Wer hat das getan? Und da sie suchten und nachfragten, ward gesagt: Gideon, der Sohn des Joas, hat das getan.

30 Da sprachen die Leute der Stadt zu Joas: Gib deinen Sohn heraus; er muß sterben, daß er den Altar Baals zerbrochen und das Ascherabild dabei abgehauen hat.

31 Joas aber sprach zu allen, die bei ihm standen: Wollt ihr um Baal hadern? Wollt

ihr ihm helfen? Wer um ihn hadert, der soll dieses Morgens sterben. Ist er Gott, so rechte er um sich selbst, daß sein Altar zerbrochen ist.

32 Von dem Tag an hieß man ihn Jerubbaal und sprach: Baal rechte mit ihm, daß er seinen Altar zerbrochen hat.

33 Da nun alle Midianiter und Amalekiter und die aus dem Morgenland sich zuhauf versammelt hatten und zogen herüber und lagerten sich im Grunde Jesreel,

34 erfüllte der Geist des HERRN den Gideon; und er ließ die Posaune blasen und rief die Abiesriter, daß sie ihm folgten,

35 und sandte Botschaft zu ganz Manasse und rief sie an, daß sie ihm auch nachfolgten. Er sandte auch Botschaft zu Asser und Sebulon und Naphthali; die kamen herauf, ihm entgegen.

36 Und Gideon sprach zu Gott: Willst du Israel durch meine Hand erlösen, wie du geredet hast,

37 so will ich ein Fell mit der Wolle auf die Tenne legen. Wird der Tau auf dem Fell allein sein und die ganze Erde umher trocken, so will ich merken, daß du Israel

erlösen wirst durch meine Hand, wie du geredet hast.

38 Und es geschah also. Und da er des andern Morgens früh aufstand, drückte er den Tau aus vom Fell und füllte eine Schale voll des Wassers.

39 Und Gideon sprach zu Gott: Dein Zorn ergrimme nicht wider mich, daß ich noch einmal rede. Ich will's nur noch einmal versuchen mit dem Fell. Es sei allein auf dem Fell trocken und der Tau auf der ganzen Erde.

40 Und Gott tat also dieselbe Nacht, daß es trocken war allein auf dem Fell und Tau auf der ganzen Erde.


## 7. Kapitel

*Gideon erhält den Sieg über die Medianiter.*

1 Da machte sich Jerubbaal, das ist Gideon, früh auf und alles Volk, das mit ihm war, und lagerten sich an den Brunnen Harod, daß er das Heer der Midianiter hatte gegen Mitternacht vom dem Hügel More im Grund.

2 Der HERR aber sprach zu Gideon: Des Volks ist zu viel, das mit dir ist, daß ich sollte Midian in ihre Hände geben; Israel möchte sich rühmen wider mich und sagen: Meine Hand hat mich erlöst.

3 So laß nun ausrufen vor den Ohren des Volks und sagen: Wer blöde und verzagt ist, der kehre um und hebe sich alsbald vom Gebirge Gilead. Da kehrten des Volks um bei zweiundzwanzigtausend, daß nur zehntausend übrigblieben.

4 Und der HERR sprach zu Gideon: Des Volks ist noch zu viel. Führe sie hinab ans Wasser, daselbst will ich sie dir prüfen. Und von welchem ich dir sagen werde, daß er mit dir ziehen soll, der soll mit dir ziehen; von welchem aber ich sagen werde, daß er nicht mit dir ziehen soll, der soll nicht ziehen.

5 Und er führte das Volk hinab ans Wasser. Und der HERR sprach zu Gideon: Wer mit seiner Zunge Wasser leckt, wie ein Hund leckt, den stelle besonders; desgleichen wer auf seine Kniee fällt, zu trinken.

6 Da war die Zahl derer, die geleckt hatten aus der Hand zum Mund,

dreihundert Mann; das andere Volk alles hatte knieend getrunken.

7 Und der HERR sprach zu Gideon: Durch die dreihundert Mann, die geleckt haben, will ich euch erlösen und die Midianiter in deine Hände geben; aber das andere Volk laß alles gehen an seinen Ort.

8 Und sie nahmen Zehrung für das Volk mit sich und ihre Posaunen. Aber die andern Israeliten ließ er alle gehen, einen jeglichen in seine Hütte; die dreihundert Mann aber behielt er. Und das Heer der Midianiter lag unten vor ihm im Grunde.

9 Und der HERR sprach in derselben Nacht zu ihm: Stehe auf und gehe hinab zum Lager; denn ich habe es in deine Hände gegeben.

10 Fürchtest du dich aber hinabzugehen, so laß deinen Diener Pura mit dir hinabgehen zum Lager,

11 daß du hörst, was sie reden. Darnach werden deine Hände stark sein, und du wirst hinabziehen zum Lager. Da ging Gideon mit seinem Diener Pura hinab vorn an den Ort der Schildwächter, die im Lager waren.

12 Und die Midianiter und Amalekiter und alle aus dem Morgenland hatten sich niedergelegt im Grunde wie eine große Menge Heuschrecken; und ihre Kamele waren nicht zu zählen vor der Menge wie der Sand am Ufer des Meers.

13 Da nun Gideon kam, siehe, da erzählte einer einem andern einen Traum und sprach: Siehe, mir hat geträumt: mich deuchte, ein geröstetes Gerstenbrot wälzte sich zum Heer der Midianiter; und da es kam an die Gezelte, schlug es dieselben und warf sie nieder und kehrte sie um, das Oberste zu unterst, daß das Gezelt lag.

14 Da antwortete der andere: Das ist nichts anderes denn das Schwert Gideons, des Sohnes Joas, des Israeliten. Gott hat die Midianiter in seine Hände gegeben mit dem ganzen Heer.

15 Da Gideon den hörte solchen Traum erzählen und seine Auslegung, betete er an und kam wieder ins Heer Israels und sprach: Macht euch auf, denn der HERR hat das Heer der Midianiter in eure Hände gegeben.

16 und er teilte die dreihundert Mann in

drei Haufen und gab einem jeglichen eine Posaune in seine Hand und leere Krüge mit Fackeln darin

17 und sprach zu ihnen: Seht auf mich und tut auch also; und siehe, wenn ich vor das Lager komme, wie ich tue so tut ihr auch.

18 Wenn ich die Posaune blase und alle, die mit mir sind, so sollt ihr auch die Posaune blasen ums ganze Heer und sprechen: Hie HERR und Gideon!

19 Also kam Gideon und hundert Mann mit ihm vor das Lager, zu Anfang der mittelsten Nachtwache, da sie eben die Wächter aufgestellt hatten, und bliesen mit Posaunen und zerschlugen die Krüge in ihren Händen.

20 Also bliesen alle drei Haufen mit Posaunen und zerbrachen die Krüge. Sie hielten aber die Fackeln in ihrer linken Hand und die Posaunen in ihrer rechten Hand, daß sie bliesen und riefen: Hie Schwert des HERRN und Gideons!

21 Und ein jeglicher stand auf seinem Ort um das Lager her. Da ward das ganze Heer laufend, und schrieen und flohen.

22 Und indem die dreihundert Mann

bliesen die Posaunen, schaffte der HERR, daß sie im ganzen Heer eines jeglichen Schwert wider den andern war. Und das Heer floh bis Beth-Sitta gen Zereda, bis an die Grenze von Abel-Mehola bei Tabbath.

23 Und die Männer Israels von Naphthali, von Asser und vom ganzen Manasse wurden zuhauf gerufen und jagten den Midianitern nach.

24 Und Gideon sandte Botschaft auf das ganze Gebirge Ephraim und ließ sagen: Kommt herab, den Midanitern entgegen, und gewinnt das Wasser vor ihnen bis gen Beth-Bara und auch den Jordan. Da eilten zusammen alle, die von Ephraim waren, und gewannen das Wasser vor ihnen bis gen Beth-Bara und den Jordan

25 und fingen zwei Fürsten der Midianiter, Oreb und Seeb, und erwürgten Oreb auf dem Fels Oreb und Seeb in der Kelter Seeb, und jagten die Midianiter und brachten die Häupter Orebs und Seebs zu Gideon über den Jordan.

# 8. Kapitel

*Gideon verfolgt den Feind*
*und richtet falschen Gottesdienst an.*
*Seine Kinder und sein Tod.*

1 Und die Männer von Ephraim sprachen zu ihm: Warum hast du uns das getan, daß du uns nicht riefst, da du in den Streit zogst wider die Midianiter? Und zankten mit ihm heftig.

2 Er aber sprach zu ihnen: Was habe ich jetzt getan, das eurer Tat gleich sei? Ist nicht die Nachlese Ephraims besser denn die ganze Weinernte Abiesers?

3 Gott hat die Fürsten der Midianiter, Oreb und Seeb, in eure Hände gegeben. Wie hätte ich können das tun, was ihr getan habt? Da er solches redete, ließ ihr Zorn von ihm ab.

4 Da nun Gideon an den Jordan kam, ging er hinüber mit den dreihundert Mann, die bei ihm waren; die waren müde und jagten nach.

5 Und er sprach zu den Leuten von Sukkoth: Gebt doch dem Volk, das unter mir ist, etliche Brote; denn sie sind müde,

daß ich nachjagte den Königen der Mididaniter, Sebah und Zalmuna.

6 Aber die Obersten zu Sukkoth sprachen: Sind die Fäuste Sebahs und Zalmunas schon in deinen Händen, daß wir deinem Heer sollen Brot geben?

7 Gideon sprach: Wohlan, wenn der HERR Sebah und Zalmuna in meine Hand gibt, will ich euer Fleisch mit Dornen aus der Wüste und mit Hecken zerdreschen.

8 Und er zog von da hinauf gen Pnuel und redete auch also zu ihnen. Und die Leute zu Pnuel antworteten ihm gleich wie die zu Sukkoth.

9 Und er sprach auch zu den Leuten zu Pnuel: Komme ich mit Frieden wieder, so will ich diesen Turm zerbrechen.

10 Sebah aber und Zalmuna waren zu Karkor und ihr Heer mit ihnen, bei fünfzehntausend, alle, die übriggeblieben waren vom ganzen Heer derer aus Morgenland; denn hundertzwanzigtausend waren gefallen, die das Schwert ausziehen konnten.

11 Und Gideon zog hinauf auf der Straße derer, die in Hütten wohnten, gegen Morgen von Nobah und Jogbeha, und

schlug das Heer, denn das Heer war
sicher.

12 Und Sebah und Zalmuna flohen; aber
er jagte ihnen nach und fing die zwei
Könige der Midianiter, Sebah und
Zalmuna, und schreckte das ganze Heer.

13 Da nun Gideon, der Sohn Joas,
wiederkam vom Streit, ehe die Sonne
heraufgekommen war,

14 fing er einen Knaben aus den Leuten
zu Sukkoth und fragte ihn; der schrieb
ihm auf die Obersten zu Sukkoth und ihre
Ältesten, siebenundsiebzig Mann.

15 Und er kam zu den Leuten zu Sukkoth
und sprach: Siehe, hier ist Sebah und
Zalmuna, über welchen ihr mein spottetet
und spracht: Ist denn Sebahs und
Zalmunas Faust schon in deinen Händen,
daß wir deinen Leuten, die müde sind,
Brot geben sollen?

16 Und er nahm die Ältesten der Stadt
und Dornen aus der Wüste und Hecken
und ließ es die Leute zu Sukkoth fühlen.

17 Und den Turm Pnuels zerbrach er
und erwürgte die Leute der Stadt.

18 Und er sprach zu Sebah und Zalmuna:
Wie waren die Männer, die ihr erwürgtet

zu Thabor? Sie sprachen: Sie waren wie du und ein jeglicher schön wie eines Königs Kinder.

19 Er aber sprach: Es sind meine Brüder, meiner Mutter Söhne, gewesen. So wahr der HERR lebt, wo ihr sie hättet leben lassen, wollte ich euch nicht erwürgen.

20 Und er sprach zu seinem erstgeborenen Sohn, Jether: Stehe auf und erwürge sie! Aber der Knabe zog sein Schwert nicht; denn er fürchtete sich, weil er noch ein Knabe war.

21 Sebah aber und Zalmuna sprachen: Stehe du auf und mache dich an uns; denn darnach der Mann ist, ist auch seine Kraft. Also stand Gideon auf und erwürgte Sebah und Zalmuna und nahm die Spangen, die an ihrer Kamele Hälsen waren.

22 Da sprachen zu Gideon etliche in Israel: Sei Herr über uns, du und dein Sohn und deines Sohnes Sohn, weil du uns von der Midianiter Hand erlöst hast.

23 Aber Gideon sprach zu ihnen: Ich will nicht Herr sein über euch, und auch mein Sohn soll nicht Herr über euch sein, sondern der HERR soll Herr über euch

sein.

24 Gideon aber sprach zu Ihnen: Eins
begehre ich von euch: ein jeglicher gebe
mir die Stirnbänder, die er geraubt hat.
(Denn weil es Ismaeliter waren, hatten sie
goldene Stirnbänder.)

25 Sie sprachen: Die wollen wir geben;
und breiteten ein Kleid aus, und ein
jeglicher warf die Stirnbänder darauf, die
er geraubt hatte.

26 Und die goldenen Stirnbänder, die er
forderte, machten am Gewicht
tausendsiebenhundert Lot Gold, ohne die
Spangen und Ketten und Purpurkleider,
die der Midianiter Könige tragen, und
ohne die Halsbänder ihrer Kamele.

27 Und Gideon machte einen Leibrock
daraus und setzte ihn in seine Stadt zu
Ophra. Und ganz Israel trieb damit
Abgötterei daselbst, und er geriet Gideon
und seinem Hause zum Fall.

28 Also wurden die Midianiter
gedemütigt vor den Kindern Israel und
hoben ihren Kopf nicht mehr empor. Und
das Land war still vierzig Jahre, solange
Gideon lebte.

29 Und Jerubbaal, der Sohn des Joas,

ging hin und wohnte in seinem Hause.

30 Und Gideon hatte siebzig Söhne, die aus seiner Hüfte gekommen waren; denn er hatte viele Weiber.

31 Und sein Kebsweib, das er zu Sichem hatte, gebar ihm auch einen Sohn; den nannte er Abimelech.

32 Und Gideon, der Sohn des Joas, starb in gutem Alter und ward begraben in seines Vaters Joas Grab zu Ophra, der Stadt der Abiesriter.

33 Da aber Gideon gestorben war, kehrten sich die Kinder Israel um und liefen dem Baalim nach und machten sich Baal-Berith zum Gott.

34 Und die Kinder Israel gedachten nicht an den HERRN, ihren Gott, der sie errettet hatte von der Hand aller ihrer Feinde umher,

35 und taten nicht Barmherzigkeit an dem Hause des Jerubbaal Gideon, wie er alles Gute an Israel getan hatte.

# 9. Kapitel



*Abimelches Brudermord. Königtum und schmähliches Ende. Jothams Fabel.*

1 Abimelech aber, der Sohn Jerubbaals, ging hin zu Sichem zu den Brüdern seiner Mutter und redete mit ihnen und mit dem ganzen Geschlecht des Vaterhauses seiner Mutter und sprach:

2 Redet doch vor den Ohren aller Männer zu Sichem: was ist euch besser, daß siebzig Männer, alle Kinder Jerubbaals, über euch Herren seien, oder daß ein Mann über euch Herr sei? Gedenkt auch dabei, daß ich euer Gebein und Fleisch bin.

3 Da redeten die Brüder seiner Mutter von ihm alle diese Worte vor den Ohren aller Männer zu Sichem. Und ihr Herz neigte sich Abimelech nach; denn sie gedachten: Er ist unser Bruder.

4 Und sie gaben ihm siebzig Silberlinge aus dem Haus Baal-Beriths. Und Abimelech dingte damit lose, leichtfertige Männer, die ihm nachfolgten.

5 Und er kam in seines Vaters Haus gen

Ophra und erwürgte seine Brüder, die Kinder Jerubbaals, siebzig Mann, auf einem Stein. Es blieb aber übrig Jotham, der jüngste Sohn Jerubbaals; denn er war versteckt.

6 Und es versammelten sich alle Männer von Sichem und das ganze Haus Millo, gingen hin und machten Abimelech zum König bei der hohen Eiche, die zu Sichem steht.

7 Da das angesagt ward dem Jotham, ging er hin und trat auf die Höhe des Berges Garizim und hob auf seine Stimme, rief und sprach zu ihnen: Hört mich, ihr Männer zu Sichem, daß euch Gott auch höre!

8 Die Bäume gingen hin, daß sie einen König über sich salbten, und sprachen zu dem Ölbaum: Sei unser König!

9 Aber der Ölbaum antwortete ihnen: Soll ich meine Fettigkeit lassen, die beide, Götter und Menschen, an mir preisen, und hingehen, daß ich schwebe über den Bäumen?

10 Da sprachen die Bäume zum Feigenbaum: Komm du und sei unser König!

11 Aber der Feigenbaum sprach zu ihnen: Soll ich meine Süßigkeit und meine gute Frucht lassen und hingehen, daß ich über den Bäumen schwebe?

12 Da sprachen die Bäume zum Weinstock: Komm du und sei unser König!

13 Aber der Weinstock sprach zu ihnen: Soll ich meinen Most lassen, der Götter und Menschen fröhlich macht, und hingehen, daß ich über den Bäumen schwebe?

14 Da sprachen die Bäume zum Dornbusch: Komm du und sei unser König!

15 Und der Dornbusch sprach zu den Bäumen: Ist's wahr, daß ihr mich zum König salbt über euch, so kommt und vertraut euch unter meinen Schatten; wo nicht, so gehe Feuer aus dem Dornbusch und verzehre die Zedern Libanons.

16 Habt ihr nun recht und redlich getan, daß ihr Abimelech zum König gemacht habt; und habt ihr wohl getan an Jerubbaal und an seinem Hause und habt ihm getan, wie er um euch verdient hat

17 (denn mein Vater hat gestritten um

euretwillen und seine Seele dahingeworfen von sich, daß er euch errettete von der Midianiter Hand;

18 und ihr lehnt euch auf heute wider meines Vaters Haus und erwürgt seine Kinder, siebzig Mann, auf einem Stein und macht euch Abimelech, seiner Magd Sohn, zum König über die Männer zu Sichem, weil er euer Bruder ist);

19 und habt ihr nun recht und redlich gehandelt an Jerubbaal und an seinem Hause an diesem Tage: so seid fröhlich über Abimelech und er sei fröhlich über euch;

20 wo nicht, so gehe Feuer aus von Abimelech und verzehre die Männer zu Sichem und das Haus Millo, und gehe auch Feuer aus von den Männern zu Sichem und vom Haus Millo und verzehre Abimelech.

21 Und Jotham floh vor seinem Bruder Abimelech und entwich und ging gen Beer und wohnte daselbst.

22 Als nun Abimelech drei Jahre über Israel geherrscht hatte,

23 sandte Gott einen bösen Willen zwischen Abimelech und den Männern

zu Sichem. Und die Männer zu Sichem wurden Abimelech untreu,

24 auf daß der Frevel, an den siebzig Söhnen Jerubbaals begangen, und ihr Blut käme auf Abimelech, ihren Bruder, der sie erwürgt hatte, und auf die Männer zu Sichem, die ihm seine Hand dazu gestärkt hatten, daß er seine Brüder erwürgte.

25 Und die Männer zu Sichem stellten einen Hinterhalt auf den Spitzen der Berge und beraubten alle, die auf der Straße zu ihnen wandelten. Und es ward Abimelech angesagt.

26 Es kam aber Gaal, der Sohn Ebeds, und seine Brüder und zogen zu Sichem ein. Und die Männer von Sichem verließen sich auf ihn

27 und zogen heraus aufs Feld und lasen ab ihre Weinberge und kelterten und machten einen Tanz und gingen in ihres Gottes Haus und aßen und tranken und fluchten dem Abimelech.

28 Und Gaal, der Sohn Ebeds, sprach: Wer ist Abimelech, und was ist Sichem, daß wir ihm dienen sollten? Ist er nicht Jerubbaals Sohn und hat Sebul, seinen

Knecht, hergesetzt? Dienet den Leuten Hemors, des Vaters Sichems! Warum sollten wir jenen dienen?

29 Wollte Gott, das Volk wäre unter meiner Hand, daß ich Abimelech vertriebe! Und es ward Abimelech gesagt: Mehre dein Heer und zieh aus!

30 Denn Sebul, der Oberste in der Stadt, da er die Worte Gaals, des Sohnes Ebeds, hörte, ergrimmte er in seinem Zorn

31 und sandte Botschaft zu Abimelech heimlich und ließ ihm sagen: Siehe, Gaal, der Sohn Ebeds, und seine Brüder sind gen Sichem gekommen und machen dir die Stadt aufrührerisch.

32 So mache dich nun auf bei der Nacht, du und dein Volk, das bei dir ist, und mache einen Hinterhalt auf sie im Felde.

33 Und des Morgens, wenn die Sonne aufgeht, so mache dich früh auf und überfalle die Stadt. Und wo er und das Volk, das bei ihm ist, zu dir hinauszieht, so tue mit ihm, wie es deine Hand findet.

34 Abimelech stand auf bei der Nacht und alles Volk, das bei ihm war, und hielt auf Sichem mit vier Haufen.

35 Und Gaal, der Sohn Ebeds, zog heraus und trat vor die Tür an der Stadt Tor. Aber Abimelech machte sich auf aus dem Hinterhalt samt dem Volk, das mit ihm war.

36 Da nun Gaal das Volk sah, sprach er zu Sebul: Siehe, da kommt ein Volk von der Höhe des Gebirges hernieder. Sebul aber sprach zu Ihm: Du siehst die Schatten der Berge für Leute an.

37 Gaal redete noch mehr und sprach: Siehe, ein Volk kommt hernieder aus der Mitte des Landes, und ein Haufe kommt auf dem Wege zur Zaubereiche.

38 Da sprach Sebul zu ihm: Wo ist nun hier dein Maul, das da sagte: Wer ist Abimelech, daß wir ihm dienen sollten? Ist das nicht das Volk, das du verachtet hast? Zieh nun aus und streite mit ihm!

39 Gaal zog aus vor den Männern zu Sichem her und stritt mit Abimelech.

40 Aber Abimelech jagte ihn, daß er floh vor ihm; und fielen viel Erschlagene bis an die Tür des Tors.

41 Und Abimelech blieb zu Aruma. Sebul aber verjagte den Gaal und seine Brüder, die zu Sichem nicht durften

bleiben.

42 Am Morgen aber ging das Volk heraus aufs Feld. Da das Abimelech ward angesagt,

43 nahm er das Kriegsvolk und teilte es in drei Haufen und machte einen Hinterhalt auf sie im Felde. Als er nun sah, daß das Volk aus der Stadt ging, erhob er sich über sie und schlug sie.

44 Abimelech aber und die Haufen, die bei ihm waren, überfielen sie und traten an die Tür des Stadttors; und zwei der Haufen überfielen alle, die auf dem Felde waren, und schlugen sie.

45 Da stritt Abimelech wider die Stadt denselben Tag und gewann sie und erwürgte das Volk, das darin war, und zerbrach die Stadt und säte Salz darauf.

46 Da das hörten alle Männer des Turms zu Sichem, gingen sie in die Festung des Hauses des Gottes Berith.

47 Da das Abimelech hörte, daß sich alle Männer des Turms zu Sichem versammelt hatten,

48 ging er auf den Berg Zalmon mit allem seinem Volk, das bei ihm war und nahm eine Axt in seine Hand und hieb

einen Ast von den Bäumen und legte ihn auf seine Achsel und sprach zu allem Volk, das mit ihm war: Was ihr gesehen habt, daß ich tue, das tut auch ihr eilend wie ich.

49 Da hieb alles Volk ein jeglicher einen Ast ab und folgten Abimelech nach und legten sie an die Festung und steckten's an mit Feuer, daß auch alle Männer des Turms zu Sichem starben, bei tausend Mann und Weib.

50 Abimelech aber zog gen Thebez und belagerte es und gewann es.

51 Es war aber ein starker Turm mitten in der Stadt. Auf den flohen alle Männer und Weiber und alle Bürger der Stadt und schlossen hinter sich zu und stiegen auf das Dach des Turms.

52 Da kam Abimelech zum Turm und stritt dawider und nahte sich zur Tür des Turms, daß er ihn mit Feuer verbrannte.

53 Aber ein Weib warf einen Mühlstein Abimelech auf den Kopf und zerbrach ihm den Schädel.

54 Da rief Abimelech eilend dem Diener, der seine Waffen trug, und sprach zu ihm: Zieh dein Schwert aus und töte mich, daß

man nicht von mir sage: Ein Weib hat ihn erwürgt. Da durchstach ihn sein Diener, und er starb.

55 Da aber die Israeliten, die mit ihm waren, sahen, daß Abimelech tot war, ging ein jeglicher an seinen Ort.

56 Also bezahlte Gott Abimelech das Übel, das er an seinem Vater getan hatte, da er seine siebzig Brüder erwürgte;

57 desgleichen alles Übel der Männer Sichems vergalt ihnen Gott auf ihren Kopf, und es kam über sie der Fluch Jothams, des Sohnes Serubbaals.


## 10. Kapitel

*Die Richter Thola und Jair.*
*Die Philister und Ammoniter*
*bedrängten das abgöttische Israel.*


1 Nach Abimelech machte sich auf, zu helfen Israel, Thola, ein Mann von Isaschar, ein Sohn Phuas, des Sohnes Dodos. Und er wohnte zu Samir auf dem Gebirge Ephraim

2 und richtete Israel dreiundzwanzig

Jahre und starb und wurde begraben zu Samir.

3 Nach ihm machte sich auf Jair, ein Gileaditer, und richtete Israel zweiundzwanzig Jahre.

4 Der hatte dreißig Söhne auf dreißig Eselsfüllen reiten; und sie hatten dreißig Städte, die hießen Dörfer Jairs bis auf diesen Tag und liegen in Gilead.

5 Und Jair starb und ward begraben zu Kamon.

6 Aber die Kinder Israel taten fürder übel vor dem HERRN und dienten den Baalim und den Astharoth und den Göttern von Syrien und den Göttern von Sidon und den Göttern Moabs und den Göttern der Kinder Ammon und den Göttern der Philister und verließen den HERRN und dienten ihm nicht.

7 Da ergrimmte der Zorn des HERRN über Israel, und er verkaufte sie unter die Hand der Philister und der Kinder Ammon.

8 Und sie zertraten und zerschlugen die Kinder Israel von dem Jahr an wohl achtzehn Jahre, nämlich alle Kinder Israel jenseit des Jordans, im Lande der

Amoriter, das in Gilead liegt.

9 Dazu zogen die Kinder Ammon über den Jordan und stritten wider Juda, Benjamin und das Haus Ephraim, also daß Israel sehr geängstet ward.

10 Da schrieen die Kinder Israel zu dem HERRN und sprachen: Wir haben an dir gesündigt; denn wir haben unsern Gott verlassen und den Baalim gedient.

11 Aber der HERR sprach zu den Kindern Israel: Haben euch nicht auch gezwungen die Ägypter, die Amoriter, die Kinder Ammon, die Philister,

12 die Sidonier, die Amalekiter und Maoniter, und ich half euch aus ihren Händen, da ihr zu mir schrieet?

13 Und doch habt ihr mich verlassen und andern Göttern gedient; darum will ich euch nicht mehr helfen.

14 Geht hin und schreit die Götter an, die ihr erwählt habt; laßt euch dieselben helfen zur Zeit eurer Trübsal.

15 Aber die Kinder Israel sprachen zu dem HERRN: Wir haben gesündigt, mache es nur du mit uns, wie es dir gefällt; allein errette uns zu dieser Zeit.

16 Und sie taten von sich die fremden

Götter und dienten dem HERRN. Und es jammerte ihn, daß Israel so geplagt ward.

17 Und die Kinder Ammon kamen zuhauf und lagerten sich in Gilead; aber die Kinder Israel versammelten sich und lagerten sich zu Mizpa.

18 Und die Obersten des Volks zu Gilead sprachen untereinander: Welcher anfängt zu streiten wider die Kinder Ammon, der soll das Haupt sein über alle, die in Gilead wohnen.


## 11. Kapitel

*Jephthahs Richteramt. Sieg und Gelübte.*

1 Jephthah, ein Gileaditer, war ein streibarer Held, aber ein Hurenkind. Gilead aber hatte Jephthah gezeugt.

2 Da aber das Weib Gileads ihm Kinder gebar und des Weibes Kinder groß wurden, stießen sie Jephthah aus und sprachen zu ihm: Du sollst nicht erben in unsers Vaters Haus; denn du bist eines andern Weibes Sohn.

3 Da floh er vor seinen Brüdern und

wohnte im Lande Tob. Und es sammelten sich zu ihm lose Leute und zogen aus mit ihm.

4 Und über etliche Zeit hernach stritten die Kinder Ammon mit Israel.

5 Da nun die Kinder Ammon also stritten mit Israel, gingen die Ältesten von Gilead hin, daß sie Jephthah holten aus dem Lande Tob,

6 und sprachen zu ihm: Komm und sei unser Hauptmann, daß wir streiten wider die Kinder Ammon.

7 Aber Jephthah sprach zu den Ältesten von Gilead: Seid ihr es nicht, die mich hassen und aus meines Vaters Haus gestoßen haben? Und nun kommt ihr zu mir, weil ihr in Trübsal seid?

8 Die Ältesten von Gilead sprachen zu Jephthah: Darum kommen wir nun wieder zu dir, daß du mit uns ziehst und hilfst uns streiten wider die Kinder Ammon und seist unser Haupt über alle, die in Gilead wohnen.

9 Jephthah sprach zu den Ältesten von Gilead: So ihr mich wieder holet, zu streiten wider die Kinder Ammon, und der HERR sie vor mir dahingeben wird,

soll ich dann euer Haupt sein?

10 Die Ältesten von Gilead sprachen zu Jephthah: Der HERR sei Zuhörer zwischen uns, wo wir nicht tun, wie du gesagt hast.

11 Also ging Jephthah mit den Ältesten von Gilead; und das Volk setzte ihn zum Haupt und Obersten über sich. Und Jephthah redete solches alles vor dem HERRN zu Mizpa.

12 Da sandte Jephthah Botschaft zum König der Kinder Ammon und ließ ihm sagen: Was hast du mit mir zu schaffen, daß du kommst zu mir, wider mein Land zu streiten?

13 Der König der Kinder Ammon antwortete den Boten Jephthahs: Darum daß Israel mein Land genommen hat, da sie aus Ägypten zogen, vom Arnon an bis an den Jabbok und wieder bis zum Jordan; so gib mir's nun wieder mit Frieden.

14 Jephthah aber sandte noch mehr Boten zum König der Kinder Ammon,

15 die sprachen zu ihm: So spricht Jephthah: Israel hat kein Land genommen, weder den Moabitern noch den Kindern Ammon.

16 Denn da sie aus Ägypten zogen, wandelte Israel durch die Wüste bis ans Schilfmeer und kam gen Kades

17 und sandte Boten zum König der Edomiter und sprach: Laß mich durch dein Land ziehen. Aber der Edomiter König erhörte sie nicht. Auch sandten sie zum König der Moabiter; der wollte auch nicht. Also blieb Israel in Kades

18 und wandelte in der Wüste. Und sie umzogen das Land der Edomiter und Moabiter und kamen von der Sonne Aufgang an der Moabiter Land und lagerten sich jenseit des Arnon und kamen nicht in die Grenze der Moabiter; denn der Arnon ist der Moabiter Grenze.

19 Und Israel sandte Boten zu Sihon, dem König der Amoriter zu Hesbon, und ließ ihm sagen: Laß uns durch dein Land ziehen bis an meinen Ort.

20 Aber Sihon vertraute Israel nicht, durch sein Gebiet zu ziehen, sondern versammelte all sein Volk und lagerte sich zu Jahza und stritt mit Israel.

21 Der HERR aber, der Gott Israels, gab den Sihon mit all seinem Volk in die Hände Israels, daß sie sie schlugen. Also

nahm Israel ein alles Land der Amoriter, die in demselben Lande wohnten.

22 Und sie nahmen alles Gebiet der Amoriter ein vom Arnon an bis an den Jabbok und von der Wüste an bis an den Jordan.

23 So hat nun der HERR, der Gott Israels, die Amoriter vertrieben vor seinem Volk Israel; und du willst ihr Land einnehmen?

24 Du solltest deren Land einnehmen, die dein Gott Kamos vertriebe, und uns lassen einnehmen das Land aller, die der HERR, unser Gott, vor uns vertrieben hat.

25 Meinst du, daß du besser recht habest denn Balak, der Sohn Zippors, der Moabiter König? Hat derselbe auch je gerechtet oder gestritten wider Israel?

26 Dieweil nun Israel dreihundert Jahre gewohnt hat in Hesbon und in Aroer und ihren Ortschaften und allen Städten, die am Arnon liegen, warum errettetet ihr's nicht in dieser Zeit?

27 Ich habe nichts an dir gesündigt, und du tust so übel an mir, daß du wider mich streitest. Der HERR, der da Richter ist, richte heute zwischen Israel und den Kindern Ammon.

28 Aber der König der Kinder Ammon erhörte die Rede Jephthahs nicht, die er zu ihm sandte.

29 Da kam der Geist des HERRN auf Jephthah, und er zog durch Gilead und Manasse und durch Mizpe, das in Gilead liegt, und von Mizpe, das in Gilead liegt auf die Kinder Ammon.

30 Und Jephthah gelobte dem HERRN ein Gelübde und sprach: Gibst du die Kinder Ammon in meine Hand:

31 was zu meiner Haustür heraus mir entgegengeht, wenn ich mit Frieden wiederkomme von den Kindern Ammon, das soll des HERRN sein, und ich will's zum Brandopfer opfern.

32 Also zog Jephthah auf die Kinder Ammon, wider sie zu streiten. Und der HERR gab sie in seine Hände.

33 Und er schlug sie von Aroer an, bis wo man kommt gen Minnith, zwanzig Städte, und bis an den Plan der Weinberge, eine sehr große Schlacht. Und wurden also die Kinder Ammon gedemütigt vor den Kindern Israel.

34 Da nun Jephthah kam gen Mizpa zu seinem Hause, siehe, da geht seine

Tochter heraus ihm entgegen mit Pauken und Reigen; und sie war sein einziges Kind, und er hatte sonst keinen Sohn noch Tochter.

35 Und da er sie sah, zerriß er seine Kleider und sprach: Ach, meine Tochter, wie beugst du mich und betrübst mich! Denn ich habe meinen Mund aufgetan gegen den HERRN und kann's nicht widerrufen.

36 Sie aber sprach: Mein Vater, hast du deinen Mund aufgetan gegen den HERRN, so tue mir, wie es aus deinem Mund gegangen ist, nachdem der HERR dich gerächt hat an deinen Feinden, den Kindern Ammon.

37 Und sie sprach zu ihrem Vater: Du wollest mir das tun, daß du mir lassest zwei Monate, daß ich von hinnen hinabgehe auf die Berge und meine Jungfrauschaft beweine mit meinen Gespielen.

38 Er sprach: Gehe hin! und ließ sie zwei Monate gehen. Da ging sie hin mit ihren Gespielen und beweinte ihre Jungfrauschaft auf den Bergen.

39 Und nach zwei Monaten kam sie

wieder zu ihrem Vater. Und er tat ihr, wie er gelobt hatte; und sie war nie eines Mannes schuldig geworden. Und es ward eine Gewohnheit in Israel,

40 daß die Töchter Israel jährlich hingehen, zu klagen um die Tochter Jephthahs, des Gileaditers, des Jahres vier Tage.


## 12. Kapitel

*Niederlage der Ephraimiter, Ebzan,*
*Elon und Abdon, Richter in Israel.*


1 Und die von Ephraim kamen zuhauf und gingen mitternachtwärts und sprachen zu Jephthah: Warum bist du in den Streit gezogen wider die Kinder Ammon und hast uns nicht gerufen, daß wir mit dir zögen? Wir wollen dein Haus samt dir mit Feuer verbrennen.

2 Jephthah sprach zu ihnen: ich und mein Volk hatten eine große Sache mit den Kindern Ammon, und ich schrie euch an, aber ihr halft mir nicht aus ihren Händen.

3 Da ich nun sah, daß ihr nicht helfen wolltet, stellte ich meine Seele in meine Hand und zog hin wider die Kinder Ammon, und der HERR gab sie in meine Hand. Warum kommt ihr nun zu mir herauf, wider mich zu streiten?

4 Und Jephthah sammelte alle Männer in Gilead und stritt wider Ephraim. Und die Männer in Gilead schlugen Ephraim, darum daß sie sagten: Seid doch ihr Gileaditer unter Ephraim und Manasse als die Flüchtigen Ephraims.

5 Und die Gileaditer nahmen ein die Furten des Jordans vor Ephraim. Wenn nun die Flüchtigen Ephraims sprachen: Laß mich hinübergehen! so sprachen die Männer von Gilead zu Ihm: Bist du ein Ephraimiter? Wenn er dann antwortete: Nein!

6 hießen sie ihn sprechen: Schiboleth; so sprach er Siboleth und konnte es nicht recht reden; alsdann griffen sie ihn schlugen ihn an den Furten des Jordans, daß zu der Zeit von Ephraim fielen zweiundvierzigtausend.

7 Jephthah aber richtete Israel sechs Jahre. Und Jephthah, der Gileaditer, starb

und ward begraben in den Städten zu Gilead.

8 Nach diesem richtete Israel Ebzan von Bethlehem.

9 Der hatte dreißig Söhne, und dreißig Töchter gab er hinaus, und dreißig Töchter nahm er von außen seinen Söhnen; er richtete Israel sieben Jahre

10 und starb und ward begraben zu Bethlehem.

11 Nach diesem richtete Israel Elon, ein Sebuloniter; er richtete Israel zehn Jahre

12 und starb und ward begraben zu Ajalon im Lande Sebulon.

13 Nach diesem richtete Israel Abdon, ein Sohn Hillels, ein Pirathoniter.

14 der hatte vierzig Söhne und dreißig Enkel, die auf siebzig Eselsfüllen ritten; er richtete Israel acht Jahre

15 und starb und ward begraben zu Pirathon im Lande Ephraim auf dem Gebirge der Amalekiter.

# 13. Kapitel

*Simsons Geburt,
durch einen Engel angekündigt.*

1 Und die Kinder Israel taten fürder übel vor dem HERRN; und der HERR gab sie in die Hände der Philister vierzig Jahre.

2 Es war aber ein Mann zu Zora von einem Geschlecht der Daniter, mit Namen Manoah; und sein Weib war unfruchtbar und gebar nicht.

3 Und der Engel des HERRN erschien dem Weibe und sprach zu ihr: Siehe, du bist unfruchtbar und gebierst nicht; aber du wirst schwanger werden und einen Sohn gebären.

4 So hüte dich nun, daß du nicht Wein noch starkes Getränk trinkst und nichts Unreines essest;

5 Denn du wirst schwanger werden und einen Sohn gebären, dem kein Schermesser soll aufs Haupt kommen. Denn der Knabe wird ein Geweihter Gottes sein von Mutterleibe an; und er wird anfangen, Israel zu erlösen aus der Philister Hand.

6 Da kam das Weib und sagte es ihrem Mann an und sprach: Es kam ein Mann Gottes zu mir, und seine Gestalt war anzusehen wie ein Engel Gottes, gar erschrecklich, daß ich ihn nicht fragte, woher oder wohin; und er sagte mir nicht, wie er hieße.

7 Er sprach aber zu mir: Siehe, du wirst schwanger werden und einen Sohn gebären. So trinke nun keinen Wein noch starkes Getränk und iß nichts Unreines; denn der Knabe soll ein Geweihter Gottes sein von Mutterleibe an bis an seinen Tod.

8 Da bat Manoah den HERRN und sprach: Ach HERR, laß den Mann Gottes wieder zu uns kommen, den du gesandt hast, daß er uns lehre, was wir mit dem Knaben tun sollen, der geboren soll werden.

9 Und Gott erhörte die Stimme Manoahs; und der Engel Gottes kam wieder zum Weibe. Sie saß aber auf dem Felde, und ihr Mann Manoah war nicht bei ihr.

10 Da lief sie eilend und sagte es ihrem Mann an und sprach zu ihm: Siehe, der Mann ist mir erschienen, der jenes Tages

zu mir kam.

11 Manoah machte sich auf und ging seinem Weibe nach und kam zu dem Mann und sprach zu ihm: Bist du der Mann, der mit dem Weibe geredet hat? Er sprach: Ja.

12 Und Manoah sprach: Wenn nun kommen wird, was du geredet hast, welches soll des Knaben Weise und Werk sein?

13 Der Engel des HERRN sprach zu Manoah: Vor allem, was ich dem Weibe gesagt habe, soll sie sich hüten.

14 Sie soll nicht essen was aus dem Weinstock kommt, und soll keinen Wein noch starkes Getränk trinken und nichts Unreines essen; alles, was ich ihr geboten habe, soll sie halten.

15 Manoah sprach zu dem Engel des HERRN: Laß dich doch halten; wir wollen dir ein Ziegenböcklein zurichten.

16 Aber der Engel des HERRN antwortete Manoah: Wenn du gleich mich hier hältst, so esse ich doch von deiner Speise nicht. Willst du aber dem HERRN ein Brandopfer tun, so magst du es opfern. Denn Manoah wußte nicht, daß es

der Engel des HERRN war.

17 Und Manoah sprach zum Engel des HERRN: Wie heißest du? daß wir dich preisen, wenn nun kommt, was du geredet hast.

18 Aber der Engel des HERRN sprach zu ihm: Warum fragst du nach meinem Namen, der doch wundersam ist?

19 Da nahm Manoah ein Ziegenböcklein und Speisopfer und opferte es auf einem Fels dem HERRN. Und Er tat Wunderbares - Manoah aber und sein Weib sahen zu;

20 denn da die Lohe auffuhr vom Altar gen Himmel, fuhr der Engel des HERRN in der Lohe des Altars mit hinauf. Da das Manoah und sein Weib sahen, fielen sie zur Erde auf ihr Angesicht.

21 Und der Engel des HERRN erschien nicht mehr Manoah und seinem Weibe. Da erkannte Manoah, daß es der Engel des HERRN war,

22 und sprach zu seinem Weibe: Wir müssen des Todes sterben, daß wir Gott gesehen haben.

23 Aber sein Weib antwortete ihm: Wenn der HERR Lust hätte, uns zu töten,

so hätte er das Brandopfer und Speisopfer nicht genommen von unsern Händen; er hätte uns auch nicht alles solches erzeigt noch uns solches hören lassen, wie jetzt geschehen ist.

24 Und das Weib gebar einen Sohn und hieß ihn Simson. Und der Knabe wuchs, und der HERR segnete ihn.

25 Und der Geist des HERRN fing an, ihn zu treiben im Lager Dan zwischen Zora und Esthaol.


## 14. Kapitel

*Simsons Kampf mit dem Löwen.*
*Hochzeit und Rätsel.*


1 Simson ging gen Thimnath und sah ein Weib zu Thimnath unter den Töchtern der Philister.

2 Und da er heraufkam, sagte er's an seinem Vater und seiner Mutter und sprach: Ich habe ein Weib gesehen zu Thimnath unter den Töchtern der Philister; gebt mir nun diese zum Weibe.

3 Sein Vater und sein Mutter sprachen

zu ihm: Ist denn nun kein Weib unter den Töchtern deiner Brüder und in allem deinem Volk, daß du hingehst und nimmst ein Weib bei den Philistern, die unbeschnitten sind? Simson sprach zu seinem Vater: Gib mir diese; denn sie gefällt meinen Augen.

4 Aber sein Vater und seine Mutter wußten nicht, daß es von dem HERRN wäre; denn er suchte Ursache wider die Philister. Die Philister aber herrschten zu der Zeit über Israel.

5 Also ging Simson hinab mit seinem Vater und seiner Mutter gen Thimnath. Und als sie kamen an die Weinberge zu Thimnath, siehe, da kam ein junger Löwe brüllend ihm entgegen.

6 Und der Geist des HERRN geriet über ihn, und er zerriß ihn, wie man ein Böcklein zerreißt, und hatte doch gar nichts in seiner Hand. Und sagte es nicht an seinem Vater noch seiner Mutter, was er getan hatte.

7 Da er nun hinabkam redete er mit dem Weibe, und sie gefiel Simson in seinen Augen.

8 Und nach etlichen Tagen kam er

wieder, daß er sie nähme; und trat aus dem Wege, daß er das Aas des Löwen besähe. Siehe, da war ein Bienenschwarm in dem Leibe des Löwen und Honig.

9 Und er nahm ihn in seine Hand und aß davon unterwegs und ging zu seinem Vater und zu seiner Mutter und gab ihnen, daß sie auch aßen. Er sagte ihnen aber nicht an, daß er den Honig aus des Löwen Leibe genommen hatte.

10 Und da sein Vater hinabkam zu dem Weibe, machte Simson daselbst eine Hochzeit, wie die Jünglinge zu tun pflegen.

11 Und da sie ihn sahen, gaben sie ihm dreißig Gesellen zu, die bei ihm sein sollten.

12 Simson aber sprach zu ihnen: Ich will euch ein Rätsel aufgeben. Wenn ihr mir das erratet und trefft diese sieben Tage der Hochzeit, so will ich euch dreißig Hemden geben und dreißig Feierkleider.

13 Könnt ihrs aber nicht erraten, so sollt ihr mir dreißig Hemden und dreißig Feierkleider geben. Und sie sprachen zu ihm: Gib dein Rätsel auf; laß uns hören!

14 Er sprach zu ihnen: Speise ging von dem Fresser und Süßigkeit von dem Starken. Und sie konnten in drei Tagen das Rätsel nicht erraten.

15 Am siebenten Tage sprachen sie zu Simsons Weibe: Überrede deinen Mann, daß er uns sage das Rätsel, oder wir werden dich und deines Vaters Haus mit Feuer verbrennen. Habt ihr uns hierher geladen, daß ihr uns arm macht? Oder nicht?

16 Da weinte Simsons Weib vor ihm und sprach: Du bist mir gram und hast mich nicht lieb. Du hast den Kindern meines Volkes ein Rätsel aufgegeben und hast mir's nicht gesagt. Er aber sprach zu ihr: Siehe, ich habe es meinem Vater und meiner Mutter nicht gesagt und sollte dir's sagen?

17 Und sie weinte die sieben Tage vor ihm, da sie Hochzeit hatten; aber am siebenten Tage sagte er's ihr, denn sie drängte ihn. Und sie sagte das Rätsel ihres Volkes Kindern.

18 Da sprachen die Männer der Stadt zu ihm am siebenten Tage, ehe die Sonne unterging: Was ist süßer den Honig? Was

ist stärker denn der Löwe? Aber er sprach zu ihnen: Wenn ihr nicht hättet mit meinem Kalb gepflügt, ihr hättet mein Rätsel nicht getroffen.

19 Und der Geist des HERRN geriet über ihn, und er ging hinab gen Askalon und schlug dreißig Mann unter ihnen und nahm ihr Gewand und gab Feierkleider denen, die das Rätsel erraten hatten. Und ergrimmte in seinem Zorn und ging herauf in seines Vaters Haus.

20 Aber Simsons Weib ward einem seiner Gesellen gegeben, der ihm zugehörte.


## 15. Kapitel

*Simson fügt den Philistern großen Schaden zu*

1 Es begab sich aber nach etlichen Tagen, um die Weizenernte, daß Simson sein Weib besuchte mit einem Ziegenböcklein. Und als er gedachte: Ich will zu meinem Weibe gehen in die Kammer, wollte ihn der Vater nicht hinein lassen

2 und sprach: Ich meinte, du wärest ihr gram geworden, und habe sie deinem Freunde gegeben. Sie hat aber eine jüngere Schwester, die ist schöner denn sie; die laß dein sein für diese.

3 Da sprach Simson zu ihnen: Ich habe einmal eine gerechte Sache wider die Philister; ich will euch Schaden tun.

4 Und Simson ging hin und fing dreihundert Füchse und nahm Brände und kehrte je einen Schwanz zum andern und tat einen Brand je zwischen zwei Schwänze

5 und zündete die Brände an mit Feuer und ließ sie unter das Korn der Philister und zündete also an die Garben samt dem stehenden Korn und Weinberge und Ölbäume.

6 Da sprachen die Philister: Wer hat das getan? Da sagte man: Simson, der Eidam des Thimniters; darum daß er ihm sein Weib genommen und seinem Freunde gegeben hat. Da zogen die Philister hinauf und verbrannten sie samt ihrem Vater mit Feuer.

7 Simson aber sprach zu ihnen: Wenn ihr solches tut, so will ich mich an euch

rächen und darnach aufhören,

8 und schlug sie hart, an Schultern und an Lenden. Und zog hinab und wohnte in der Steinkluft zu Etam.

9 Da zogen die Philister hinauf und lagerten sich in Juda und ließen sich nieder zu Lehi.

10 Aber die von Juda sprachen: Warum seid ihr wider uns heraufgezogen? Sie antworteten: Wir sind heraufgekommen, Simson zu binden, daß wir mit ihm tun, wie er uns getan hat.

11 Da zogen dreitausend Mann von Juda hinab in die Steinkluft zu Etam und sprachen zu Simson: Weißt du nicht, daß die Philister über uns herrschen? Warum hast du denn das an uns getan? Er sprach zu ihnen: Wie sie mir getan haben, so habe ich ihnen wieder getan.

12 Sie sprachen zu ihm: Wir sind herabgekommen, dich zu binden und in der Philister Hände zu geben. Simson sprach zu ihnen: So schwört mir, daß ihr mir kein Leid tun wollt.

13 Sie antworteten ihm: Wir wollen dir kein Leid tun, sondern wollen dich nur Binden und in ihre Hände geben und

wollen dich nicht töten. Und sie banden ihn mit zwei neuen Stricken und führten ihn herauf vom Fels.

14 Und da er kam bis gen Lehi, jauchzten die Philister ihm entgegen. Aber der Geist Gottes geriet über ihn, und die Stricke an seinen Armen wurden wie Fäden, die das Feuer versengt hat, daß die Bande an seinen Händen zerschmolzen.

15 Und er fand einen frischen Eselskinnbacken; da reckte er seine Hand aus und nahm ihn und schlug damit tausend Mann.

16 Und Simson sprach: Da liegen sie bei Haufen; durch eines Esels Kinnbacken habe ich tausend Mann geschlagen.

17 Und da er das ausgeredet hatte, warf er den Kinnbacken aus seiner Hand und hieß die Stätte Ramath-Lehi (das ist Kinnbackenhöhe).

18 Da ihn aber sehr dürstete, rief er den HERRN an und sprach: Du hast solch großes Heil gegeben durch die Hand deines Knechtes; nun aber muß ich Durstes sterben und in der Unbeschnittenen Hände fallen.

19 Da spaltete Gott die Höhlung in Lehi, das Wasser herausging; und als er trank, kam der Geist wieder, und er ward erquickt. Darum heißt er noch heutigestages "des Anrufers Brunnen", der in Lehi ist.

20 Und er richtete Israel zu der Philister Zeit zwanzig Jahre.

## 16. Kapitel

*Simsons Fall, Elend und letzte Rache.*

1 Simson ging hin gen Gaza und sah daselbst eine Hure und kam zu ihr.

2 Da ward den Gazitern gesagt: Simson ist hereingekommen. Und sie umgaben ihn und ließen auf ihn lauern die ganze Nacht in der Stadt Tor und waren die ganze Nacht still und sprachen: Harre; morgen, wenn's licht wird, wollen wir ihn erwürgen.

3 Simson aber lag bis Mitternacht. Da stand er auf zu Mitternacht und ergriff beide Türen an der Stadt Tor samt den Pfosten und hob sie aus mit den Riegeln

und legte sie auf seine Schultern und trug sie hinauf auf die Höhe des Berges vor Hebron.

4 Darnach gewann er ein Weib lieb am Bach Sorek, die hieß Delila.

5 Zu der kamen der Philister Fürsten hinauf und sprachen zu ihr: Überrede ihn und siehe, worin er solche große Kraft hat und womit wir ihn übermögen, daß wir ihn binden und zwingen, so wollen wir dir geben ein jeglicher tausendundhundert Silberlinge.

6 Und Delila sprach zu Simson: Sage mir doch, worin deine große Kraft sei und womit man dich binden möge, daß man dich zwinge?

7 Simson sprach zu ihr: Wenn man mich bände mit sieben Seilen von frischem Bast, die noch nicht verdorrt sind, so würde ich schwach und wäre wie ein anderer Mensch.

8 Da brachten der Philister Fürsten zu ihr hinauf sieben Seile von frischem Bast, die noch nicht verdorrt waren; und sie band ihn damit.

9 (Man lauerte ihm aber auf bei ihr in der Kammer.) Und sie sprach zu ihm: Die

Philister über dir, Simson! Er aber zerriß die Seile, wie eine flächsene Schnur zerreißt, wenn sie ans Feuer riecht; und es ward nicht kund, wo seine Kraft wäre.

10 Da sprach Delila zu Simson: Siehe, du hast mich getäuscht und mir gelogen; nun, so sage mir doch, womit kann man dich binden?

11 Er antwortete ihr: Wenn sie mich bänden mit neuen Stricken, damit nie eine Arbeit geschehen ist, so würde ich schwach und wie ein anderer Mensch.

12 Da nahm Delila neue Stricke und band ihn damit und sprach: Philister über dir, Simson! (Man lauerte ihm aber auf in der Kammer.) Und er zerriß sie von seinen Armen herab wie einen Faden.

13 Delila aber sprach zu ihm: Bisher hast du mich getäuscht und mir gelogen. Sage mir doch, womit kann man dich binden? Er antwortete ihr: Wenn du mir die sieben Locken meines Hauptes zusammenflöchtest mit einem Gewebe und heftetest sie mit dem Nagel ein.

14 Und sie sprach zu ihm: Philister über dir, Simson! Er aber wachte auf von seinem Schlaf und zog die geflochtenen

Locken mit Nagel und Gewebe heraus.

15 Da sprach sie zu ihm: Wie kannst du sagen, du habest mich lieb, so dein Herz doch nicht mit mir ist? Dreimal hast du mich getäuscht und mir nicht gesagt, worin deine große Kraft sei.

16 Da sie ihn aber drängte mit ihren Worten alle Tage und ihn zerplagte, ward seine Seele matt bis an den Tod,

17 und er sagte ihr sein ganzes Herz und sprach zu ihr: Es ist nie ein Schermesser auf mein Haupt gekommen; denn ich bin ein Geweihter Gottes von Mutterleibe an. Wenn man mich schöre, so wiche meine Kraft von mir, daß ich schwach würde und wie alle anderen Menschen.

18 Da nun Delila sah, daß er ihr all sein Herz offenbart hatte, sandte sie hin und ließ der Philister Fürsten rufen und sagen: Kommt noch einmal herauf; denn er hat mir all sein Herz offenbart. Da kamen der Philister Fürsten zu ihr herauf und brachten das Geld mit sich in ihrer Hand.

19 Und sie ließ ihn entschlafen auf ihrem Schoß und rief einem, der ihm die sieben Locken seines Hauptes abschöre. Und sie fing an ihn zu zwingen; da war seine Kraft

von ihm gewichen.

20 Und sie sprach zu ihm: Philister über dir, Simson! Da er nun aus seinem Schlaf erwachte, gedachte er: Ich will ausgehen, wie ich mehrmals getan habe, ich will mich losreißen; und wußte nicht, daß der HERR von ihm gewichen war.

21 Aber die Philister griffen ihn und stachen ihm die Augen aus und führten ihn hinab gen Gaza und banden ihn mit zwei ehernen Ketten, und er mußte mahlen im Gefängnis.

22 Aber das Haar seines Hauptes fing an, wieder zu wachsen, wo es geschoren war.

23 Da aber der Philister Fürsten sich versammelten, ihrem Gott Dagon (2) ein großes Opfer zu tun und sich zu freuen, sprachen sie: Unser Gott hat uns unsern Feind Simson in unsre Hände gegeben.

24 Desgleichen, als ihn das Volk sah, lobten sie ihren Gott; denn sie sprachen: Unser Gott hat uns unsern Feind in unsre Hände gegeben, der unser Land verderbte und unsrer viele erschlug.

25 Da nun ihr Herz guter Dinge war, sprachen sie: Laßt Simson holen, daß er

vor uns spiele. Da holten sie Simson aus dem Gefängnis, und er spielte vor ihnen, und sie stellten ihn zwischen die Säulen.

26 Simson aber sprach zu dem Knabe, der ihn bei der Hand leitete: Laß mich, das ich die Säulen taste, auf welchen das Haus steht, daß ich mich dranlehne.

27 Das Haus aber war voll Männer und Weiber. Es waren der Philister Fürsten alle da und auf dem Dach bei dreitausend, Mann und Weib, die zusahen, wie Simson spielte.

28 Simson aber rief den HERRN an und sprach: HERR HERR, gedenke mein und stärke mich doch, Gott, diesmal, daß ich für meine beiden Augen mich einmal räche an den Philistern!

29 Und er faßte die zwei Mittelsäulen, auf welche das Haus gesetzt war und darauf es sich hielt, eine in seine rechte und die andere in seine linke Hand,

30 und sprach: Meine Seele sterbe mit den Philistern! und neigte sich kräftig. Da fiel das Haus auf die Fürsten und auf alles Volk, das darin war, daß der Toten mehr waren, die in seinem Tod starben, denn die bei seinem Leben starben.

31 Da kamen sein Brüder hernieder und seines Vaters ganzes Haus und hoben ihn auf und trugen ihn hinauf und begruben ihn in seines Vaters Manoahs Grab, zwischen Zora und Esthaol. Er richtete aber Israel zwanzig Jahre.

## 17. Kapitel

*Micha richtet Götzendienst an.*

1 Es war ein Mann auf dem Gebirge Ephraim, mit Namen Micha.

2 Der sprach zu seiner Mutter: Die tausendundhundert Silberlinge, die dir genommen worden sind und derenthalben du den Fluch gesprochen und auch vor meinen Ohren gesagt hast, sieh, das Geld ist bei mir; ich habe es genommen. Da sprach seine Mutter: Gesegnet sei mein Sohn dem HERRN!

3 Also gab er seiner Mutter die tausendundhundert Silberlinge wieder. Und seine Mutter sprach: Ich habe das Geld dem HERRN geheiligt von meiner Hand für meinen Sohn, daß man ein

Bildnis und einen Abgott machen soll; darum so gebe ich's dir nun wieder.

4 Aber er gab seiner Mutter das Geld wieder. Da nahm seine Mutter zweihundert Silberlinge und tat sie zu dem Goldschmied; der machte ihr ein Bild und einen Abgott, das war darnach im Hause Michas.

5 Und der Mann Micha hatte also ein Gotteshaus; und machte einen Leibrock und Hausgötzen (Orakelbild) und füllte seiner Söhne einem die Hand, daß er sein Priester ward.

6 Zu der Zeit war kein König in Israel, und ein jeglicher tat, was ihn recht deuchte.

7 Es war aber ein Jüngling von Bethlehem-Juda unter dem Geschlecht Juda's, und er war ein Levit und war fremd daselbst.

8 Er zog aus der Stadt Bethlehem-Juda, zu wandern, wo er hin konnte. Und da er aufs Gebirge Ephraim kam zum Hause Michas, daß er seinen Weg ginge,

9 fragte ihn Micha: Wo kommst du her? Er antwortete ihm: Ich bin ein Levit von Bethlehem-Juda und wandere, wo ich hin

kann.

10 Micha aber sprach zu ihm: Bleibe bei mir, du sollst mein Vater und mein Priester sein; ich will dir jährlich zehn Silberlinge und deine Kleidung und Nahrung geben. Und der Levit ging hin.

11 Der Levit trat an, zu bleiben bei dem Mann; und er hielt den Jüngling gleich wie einen Sohn.

12 Und Micha füllte dem Leviten die Hand, daß er sein Priester ward, und war also im Haus Michas.

13 Und Micha sprach: Nun weiß ich, daß mir der HERR wird wohltun, weil ich einen Leviten zum Priester habe.


## 18. Kapitel

*Der Stamm Dan erobert Lais und richtet daselbst den Götzendienst des Micha auf.*

1 Zu der Zeit war kein König in Israel. Und der Stamm der Daniter suchte sich ein Erbteil, da sie wohnen möchten; denn es war bis auf den Tag noch kein Erbe auf sie gefallen unter den Stämmen Israels.

2 Und die Kinder Dan sandten aus ihren Geschlechtern von ihren Enden fünf streitbare Männer von Zora und Esthaol, das Land zu erkunden und zu erforschen, und sprachen zu ihnen: Ziehet hin und erforschet das Land. Und sie kamen auf das Gebirge Ephraim ans Haus Michas und blieben über Nacht daselbst.

3 Und da sie bei dem Gesinde Michas waren, erkannten sie die Stimme des Jünglings, des Leviten; und sie wichen von ihrem Weg dahin und sprachen zu ihm: Wer hat dich hierhergebracht? Was machst du da? Und was hast du hier?

4 Er antwortete ihnen: So und so hat Micha an mir getan und hat mich gedingt, daß ich sein Priester sei.

5 Sie sprachen zu ihm: Frage doch Gott, daß wir erfahren, ob unser Weg, den wir wandeln, auch wohl geraten werde.

6 Der Priester antwortete ihnen: Ziehet hin mit Frieden; euer Weg, den ihr ziehet, ist recht vor dem HERRN.

7 Da gingen die fünf Männer hin und kamen gen Lais und sahen das Volk, das darin war, sicher wohnen auf die Weise wie die Sidonier, still und sicher; und war

niemand, der ihnen Leid täte im Land oder Herr über sie wäre, und waren ferne von den Sidoniern und hatten nichts mit Leuten zu tun.

8 Und sie kamen zu ihren Brüdern gen Zora und Esthaol; und ihre Brüder sprachen zu ihnen: Wie steht's mit euch?

9 Sie sprachen: Auf, laßt uns zu ihnen hinaufziehen! denn wir haben das Land besehen, das ist sehr gut. Darum eilt und seid nicht faul zu ziehen, daß ihr kommt, das Land einzunehmen.

10 Wenn ihr kommt, werdet ihr zu einem sichern Volke kommen, und das Land ist weit und breit; denn Gott hat's in eure Hände gegeben, einen solchen Ort, da nichts gebricht an alle dem, was auf Erden ist.

11 Da zogen von da aus den Geschlechtern Dan von Zora und Esthaol sechshundert Mann, gerüstet mit ihren Waffen zum Streit,

12 und zogen hinauf und lagerten sich zu Kirjath-Jearim in Juda. Daher nannten sie die Stätte das Lager Dan bis auf diesen Tag, das hinter Kirjath-Jearim liegt.

13 Und von da gingen sie auf das

Gebirge Ephraim und kamen zum Hause Michas.

14 Da antworteten die fünf Männer, die ausgegangen waren, das Land Lais zu erkunden, und sprachen zu ihren Brüdern: Wißt ihr auch, daß in diesen Häusern ein Leibrock, Hausgötzen, Bildnis und Abgott sind? Nun möget ihr denken, was euch zu tun ist.

15 Sie kehrten da ein und kamen an das Haus des Jünglings, des Leviten, in Michas Haus und grüßten ihn freundlich.

16 Aber die sechshundert Gerüsteten mit ihren Waffen, die von den Kindern Dan waren, standen vor dem Tor.

17 Und die fünf Männer, die das Land zu erkunden ausgezogen waren, gingen hinauf und kamen dahin und nahmen das Bild, den Leibrock, die Hausgötzen und den Abgott. Dieweil stand der Priester vor dem Tor bei den sechshundert Gerüsteten mit ihren Waffen.

18 Als nun jene ins Haus Michas gekommen waren und nahmen das Bild, den Leibrock, die Hausgötzen und den Abgott, sprach der Priester zu ihnen: Was macht ihr?

19 Sie antworteten ihm: Schweige und halte das Maul zu und ziehe mit uns, daß du unser Vater und Priester seist. Ist dir's besser, daß du in des einen Mannes Haus Priester seist oder unter einem ganzen Stamm und Geschlecht in Israel?

20 Das gefiel dem Priester wohl, und er nahm den Leibrock, die Hausgötzen und das Bild und kam mit unter das Volk.

21 Und da sie sich wandten und hinzogen, schickten sie die Kindlein und das Vieh und was sie Köstliches hatten, vor sich her.

22 Da sie nun fern von Michas Haus kamen, wurden die Männer zuhauf gerufen, die in den Häusern waren bei Michas Haus, und folgten den Kindern Dan nach und riefen den Kindern Dan.

23 Sie aber wandten ihr Antlitz um und sprachen zu Micha: was ist dir, daß du also zuhauf kommst?

24 Er antwortete: Ihr habt meine Götter genommen, die ich gemacht hatte, und den Priester und ziehet hin; und was habe ich nun mehr? Und ihr fragt noch, was mir fehle?

25 Aber die Kinder Dan sprachen zu

ihm: Laß deine Stimme nicht hören bei uns, daß nicht auf dich stoßen zornige Leute und deine Seele und deines Hauses Seele nicht hingerafft werde!

26 Also gingen die Kinder Dan ihres Weges. Und Micha, da er sah, daß sie ihm zu stark waren, wandte er sich um und kam wieder zu seinem Hause.

27 Sie aber nahmen, was Micha gemacht hatte, und den Priester, den er hatte, und kamen an Lais, an ein stilles, sicheres Volk, und schlugen es mit der Schärfe des Schwerts und verbrannten die Stadt mit Feuer.

28 Und war niemand, der sie errettete; denn sie lag fern von Sidon, und sie hatten mit den Leuten nichts zu schaffen; und sie lag im Grunde, welcher an Beth-Rehob liegt. Da bauten sie die Stadt und wohnten darin

29 und nannten sie Dan nach dem Namen ihres Vaters Dan, der Israel geboren war. (Und die Stadt hieß vorzeiten Lais.)

30 Und die Kinder Dan richteten für sich auf das Bild. Und Jonathan, der Sohn Gersons, des Sohnes Manasses, und

seine Söhne waren Priester unter dem Stamm der Daniter bis an die Zeit, da sie aus dem Lande gefangen geführt wurden.

31 Also setzten sie unter sich das Bild Michas, das er gemacht hatte, so lange, als das Haus Gottes war zu Silo.


## 19. Kapitel

*Gräueltat der Einwohner von Gibea
im Stamme Benjamin*


1 Zu der Zeit war kein König in Israel. Und ein levitischer Mann war Fremdling an der Seite des Gebirges Ephraim und hatte sich ein Kebsweib genommen von Bethlehem-Juda.

2 Und da sie hatte neben ihm gehurt, lief sie von ihm zu ihres Vaters Haus gen Bethlehem-Juda und war daselbst vier Monate lang.

3 Und ihr Mann machte sich auf und zog ihr nach, daß er freundlich mit ihr redete und sie wieder zu sich holte; und hatte einen Knecht und ein Paar Esel mit sich. Und sie führte ihn in ihres Vaters Haus. Da

ihn aber der Vater der Dirne sah, ward er froh und empfing ihn.

4 Und sein Schwiegervater, der Dirne Vater, hielt ihn, daß er drei Tage bei ihm blieb; sie aßen und tranken und blieben des Nachts da.

5 Des vierten Tages erhoben sie sich des Morgens früh, und er machte sich auf und wollte ziehen. Da sprach der Dirne Vater zu seinem Eidam: Labe dein Herz zuvor mit einem Bissen Brot, darnach sollt ihr ziehen.

6 Und sie setzten sich und aßen beide miteinander und tranken. Da sprach der Dirne Vater zu dem Mann: Bleib doch über Nacht und laß dein Herz guter Dinge sein.

7 Da aber der Mann aufstand und wollte ziehen, nötigte ihn sein Schwiegervater, daß er über Nacht dablieb.

8 Des Morgens am fünften Tage machte er sich früh auf und wollte ziehen. Da sprach der Dirne Vater: Labe doch dein Herz und laß uns verziehen, bis sich der Tag neigt. Und aßen also die beiden miteinander.

9 Und der Mann machte sich auf und

wollte ziehen mit seinem Kebsweib und mit seinem Knechte. Aber sein Schwiegervater, der Dirne Vater, sprach zu ihm: Siehe, der Tag hat sich geneigt, und es will Abend werden; bleib über Nacht. Siehe, hier ist Herberge noch diesen Tag; bleibe hier über Nacht und laß dein Herz guter Dinge sein. Morgen steht ihr früh auf und zieht eures Weges zu deiner Hütte.

10 Aber der Mann wollte nicht über Nacht bleiben, sondern machte sich auf und zog hin und kam bis vor Jebus, das ist Jerusalem, und sein Paar Esel beladen und sein Kebsweib mit ihm.

11 Da sie nun nahe bei Jebus kamen, sank der Tag sehr dahin. Und der Knecht sprach zu seinem Herrn: Komm doch und laß uns in diese Stadt der Jebusiter einkehren und über Nacht darin bleiben.

12 Aber sein Herr sprach zu ihm: Wir wollen nicht in der Fremden Stadt einkehren, die nicht sind von den Kindern Israel, sondern wollen hinüber gen Gibea.

13 Und sprach zu seinem Knecht: Gehe weiter, daß wir hinzukommen an einen

Ort und über Nacht zu Gibea oder zu Rama bleiben.

14 Und sie zogen weiter und wandelten, und die Sonne ging ihnen unter, hart bei Gibea, das liegt in Benjamin.

15 Und sie kehrten daselbst ein, daß sie hineinkämen und über Nacht zu Gibea blieben. Da er aber hineinkam, setzte er sich in der Stadt Gasse; denn es war niemand, der sie bei Nacht im Hause herbergen wollte.

16 Und siehe, da kam ein alter Mann von seiner Arbeit vom Felde am Abend, und er war auch vom Gebirge Ephraim und ein Fremdling zu Gibea; aber die Leute des Orts waren Benjaminiter.

17 Und da er seine Augen aufhob und sah den Gast auf der Gasse, sprach er zu ihm: Wo willst du hin? und wo kommst du her?

18 Er aber antwortete ihm: Wir reisen von Bethlehem-Juda, bis wir kommen an die Seite des Gebirges Ephraim, daher ich bin; und bin gen Bethlehem-Juda gezogen und ziehe jetzt zum Hause des HERRN, und niemand will mich beherbergen.

19 Wir haben Stroh und Futter für unsre Esel und Brot und Wein für mich und deine Magd und für den Knecht, der mit deinem Diener ist, daß uns nichts gebricht.

20 Der alte Mann sprach: Friede sei mit dir! Alles was dir mangelt findest du bei mir; bleibe nur nicht über Nacht auf der Gasse.

21 Und führte ihn in sein Haus und gab den Eseln Futter, und sie wuschen ihre Füße und aßen und tranken.

22 Und da ihr Herz nun guter Dinge war, siehe, da kamen die Leute der Stadt, böse Buben, und umgaben das Haus und pochten an die Tür und sprachen zu dem alten Mann, dem Hauswirt: Bringe den Mann heraus, der in dein Haus gekommen ist, daß wir ihn erkennen.

23 Aber der Mann, der Hauswirt, ging zu ihnen heraus und sprach zu ihnen: Nicht, meine Brüder, tut nicht so übel; nachdem dieser Mann in mein Haus gekommen ist, tut nicht eine solche Torheit!

24 Siehe, ich habe eine Tochter, noch eine Jungfrau, und dieser ein Kebsweib; die will ich herausbringen. Die mögt ihr

zu Schanden machen, und tut mit ihr, was euch gefällt; aber an diesen Mann tut nicht solche Torheit.

25 Aber die Leute wollten ihm nicht gehorchen. Da faßte der Mann sein Kebsweib und brachte sie zu ihnen hinaus. Die erkannten sie und trieben ihren Mutwillen an ihr die ganze Nacht bis an den Morgen; und da die Morgenröte anbrach, ließen sie sie gehen.

26 Da kam das Weib hart vor morgens und fiel nieder vor der Tür am Hause des Mannes, darin ihr Herr war, und lag da, bis es licht ward.

27 Da nun ihr Herr des Morgens aufstand und die Tür auftat am Hause und herausging, daß er seines Weges zöge, siehe, da lag sein Kebsweib vor der Tür des Hauses und ihre Hände auf der Schwelle.

28 Er aber sprach zu ihr: Stehe auf, laß uns ziehen! Aber sie antwortete nicht. Da nahm er sie auf den Esel, machte sich auf und zog an seinen Ort.

29 Als er nun heimkam, nahm er ein Messer und faßte sein Kebsweib und zerstückte sie mit Gebein und mit allem in

zwölf Stücke und sandte sie in alle Grenzen Israels.

30 Wer das sah, der sprach: Solches ist nicht geschehen noch gesehen, seit der Zeit die Kinder Israel aus Ägyptenland gezogen sind, bis auf diesen Tag. Nun bedenkt euch über dem, gebt Rat und sagt an!

## 20. Kapitel

*Der Stamm Benjamin von den übrigen Stämmen bekriegt und beinahe ausgerottet.*

1 Da zogen die Kinder Israel aus und versammelten sich zuhauf wie ein Mann, von Dan bis gen Beer-Seba und vom Lande Gilead zu dem HERRN gen Mizpa;

2 und traten zuhauf die Obersten des ganzen Volks aller Stämme Israels in der Gemeinde Gottes, vierhundertausend Mann zu Fuß, die das Schwert auszogen.

3 Aber die Kinder Benjamin hörten, daß die Kinder Israel hinauf gen Mizpa gezogen waren. Und die Kinder Israel sprachen: Sagt, wie ist das Übel

zugegangen?

4 Da antwortete der Levit, des Weibes Mann, die erwürgt war, und sprach: Ich kam gen Gibea in Benjamin mit meinem Kebsweibe, über Nacht dazubleiben.

5 Da machten sich wider mich auf die Bürger zu Gibea und umgaben mich im Hause des Nachts und gedachten, mich zu erwürgen; und haben mein Kebsweib geschändet, daß sie gestorben ist.

6 Da faßte ich mein Kebsweib und zerstückte es und sandte es in alle Felder des Erbes Israels; denn sie haben einen Mutwillen und eine Torheit getan in Israel.

7 Siehe, da seid ihr Kinder Israel alle; schafft euch Rat und tut hierzu!

8 Da machte sich alles Volk auf wie ein Mann und sprach: Es soll niemand in seine Hütte gehen noch in sein Haus kehren;

9 sondern das wollen wir jetzt tun wider Gibea:

10 laßt uns losen und nehmen zehn Mann von hundert, und hundert von tausend, und tausend von zehntausend aus allen Stämmen Israels, daß sie Speise nehmen für das Volk, daß es komme und

tue mit Gibea-Benjamin nach all seiner Torheit, die es in Israel getan hat.

11 Also versammelten sich zu der Stadt alle Männer Israels, wie ein Mann verbunden.

12 Und die Stämme Israels sandten Männer zu allen Geschlechtern Benjamins und ließen ihnen sagen: Was ist das für eine Bosheit, die bei euch geschehen ist?

13 So gebt nun her die Männer, die bösen Buben zu Gibea, daß wir sie töten und das Übel aus Israel tun! Aber die Kinder Benjamin wollten nicht gehorchen der Stimme ihrer Brüder, der Kinder Israel;

14 sondern versammelten sich aus den Städten gen Gibea, auszuziehen in den Streit wider die Kinder Israel.

15 Und wurden des Tages gezählt der Kinder Benjamin aus den Städten sechsundzwanzigtausend Mann, die das Schwert auszogen, ohne die Bürger zu Gibea, deren wurden siebenhundert gezählt, auserlesene Männer.

16 Und unter allem diesem Volk waren siebenhundert Mann auserlesen, die links waren und konnten mit der Schleuder ein

Haar treffen, daß sie nicht fehlten.

17 Aber derer von Israel (ohne die von Benjamin) wurden gezählt vierhunderttausend Mann, die das Schwert führten, und alle streitbare Männer.

18 Die machten sich auf und zogen hinauf gen Beth-el und fragten Gott und sprachen: Wer soll vor uns hinaufziehen, den Streit anzufangen mit den Kindern Benjamin? Der HERR sprach: Juda soll anfangen.

19 Also machten sich die Kinder Israel des Morgens auf und lagerten sich vor Gibea.

20 Und ein jeder Mann von Israel ging heraus, zu streiten mit Benjamin, und schickten sich, zu streiten wider Gibea.

21 Da fielen die Kinder Benjamin heraus aus Gibea und schlugen des Tages unter Israel zweiundzwanzigtausend zu Boden.

22 Aber das Volk der Männer von Israel ermannte sich und stellte sich auf, noch weiter zu streiten am selben Ort, da sie sich des vorigen Tages gestellt hatten.

23 Und die Kinder Israel zogen hinauf und weinten vor dem HERRN bis an den Abend und fragten den HERRN und

sprachen: Sollen wir wieder nahen, zu streiten mit den Kindern Benjamin, unsern Brüdern? Der HERR sprach: Zieht hinauf zu ihnen!

24 Und da die Kinder Israel sich machten an die Kinder Benjamin des andern Tages,

25 fielen die Benjaminiter heraus aus Gibea ihnen entgegen desselben Tages und schlugen von den Kindern Israel noch achtzehntausend zu Boden, die alle das Schwert führten.

26 Da zogen alle Kinder Israel hinauf und alles Volk und kamen gen Beth-El und weinten und blieben daselbst vor dem HERRN und fasteten den Tag bis zum Abend und opferten Brandopfer und Dankopfer vor dem HERRN.

27 Und die Kinder Israel fragten den HERRN (es war aber daselbst die Lade des Bundes Gottes zu der Zeit,

28 und Pinehas, der Sohn Eleasars, Aarons Sohns, stand vor ihm zu der Zeit) und sprachen: Sollen wir weiter ausziehen, zu streiten mit den Kindern Benjamin, unsern Brüdern, oder sollen wir ablassen? Der HERR sprach: Zieht hinauf;

morgen will ich sie in eure Hände geben.

29 Und die Kinder Israel stellten einen Hinterhalt auf Gibea umher.

30 Und zogen also die Kinder Israel hinauf des dritten Tages gegen die Kinder Benjamin und stellten sich wider Gibea wie zuvor zweimal.

31 Da fuhren die Kinder Benjamin heraus, dem Volk entgegen, und wurden losgerissen von der Stadt und fingen an zu schlagen und zu verwunden etliche vom Volk, wie zuvor zweimal, im Felde auf zwei Straßen, deren eine gen Beth-El, die andere gen Gibea geht, bei dreißig Mann in Israel.

32 Da gedachten die Kinder Benjamin: Sie sind geschlagen vor uns wie vorhin. Aber die Kinder Israel sprachen: Laßt uns fliehen, daß wir sie von der Stadt reißen auf die Straßen!

33 Da machten sich auf alle Männer von Israel von ihrem Ort und stellten sich zu Baal-Thamar. Und der Hinterhalt Israels brach hervor an seinem Ort, von der Höhle Geba,

34 und kamen gen Gibea zehntausend Mann, auserlesen aus ganz Israel, daß

der Streit hart ward; sie aber wußten
nicht, daß sie das Unglück treffen würde.

35 Also schlug der HERR den Benjamin
vor den Kindern Israel, daß die Kinder
Israel auf den Tag verderbten
fünfundzwanzigtausend und hundert
Mann in Benjamin, die alle das Schwert
führten.

36 Denn da die Kinder Benjamin sahen,
daß sie geschlagen waren, gaben ihnen
die Männer Israels Raum; denn sie
verließen sich auf den Hinterhalt, den sie
bei Gibea aufgestellt hatten.

37 Und der Hinterhalt eilte auch und
brach hervor auf Gibea zu und zog hinan
und schlug die ganze Stadt mit der
Schärfe des Schwerts.

38 Sie hatten aber abgeredet
miteinander, die Männer von Israel und
der Hinterhalt, mit dem Schwert über sie
zu fallen, wenn der Rauch aus der Stadt
sich erhöbe.

39 Da nun die Männer von Israel sich
wandten im Streit und Benjamin anfing zu
schlagen und verwundeten in Israel bei
dreißig Mann und gedachten: Sie sind
vor uns geschlagen wie im vorigen Streit,

40 da fing an sich zu erheben von der Stadt ein Rauch stracks über sich. Und Benjamin wandte sich hinter sich, und siehe, da ging die Stadt ganz auf gen Himmel.

41 Und die Männer von Israel wandten sich auch um. Da erschraken die Männer Benjamins; denn sie sahen, daß sie das Unglück treffen wollte.

42 Und wandten sich von den Männern Israels auf den Weg zur Wüste; aber der Streit folgte ihnen nach, und die von den Städten hineingekommen waren, die verderbten sie drinnen.

43 Und sie umringten Benjamin und jagten ihn bis gen Menuha und zertraten sie bis vor Gibea gegen der Sonne Aufgang.

44 Und es fielen von Benjamin achtzehntausend Mann, die alle streitbare Männer waren.

45 Da wandten sie sich und flohen zu der Wüste, an den Fels Rimmon; aber auf derselben Straße schlugen sie fünftausend Mann und folgten ihnen hintennach bis gen Gideom und schlugen ihrer zweitausend.

46 Und also fielen des Tages von Benjamin fünfundzwanzigtausend Mann, die das Schwert führten und alle streitbare Männer waren.

47 Nur sechshundert Mann wandten sich und flohen zur Wüste, zum Fels Rimmon, und blieben im Fels Rimmon, vier Monate.

48 Und die Männer Israels kamen wieder zu den Kindern Benjamin und schlugen mit der Schärfe des Schwerts die in der Stadt, Leute und Vieh und alles, was man fand; und alle Städte, die man fand, verbrannte man mit Feuer.

## 21. Kapitel

*Wie der Stamm Benjamin
wieder erbaut wurde.*

1 Aber die Männer Israels hatten zu Mizpa geschworen und gesagt: Niemand soll seine Tochter den Benjaminitern zum Weib geben.

2 Und das Volk kam gen Beth-El und blieb da bis zum Abend vor Gott, und sie

hoben auf ihre Stimme und weinten sehr

3 und sprachen: O HERR, Gott von Israel, warum ist das geschehen in Israel, daß heute Israel um einen Stamm kleiner geworden ist?

4 Des andern Morgens machte sich das Volk früh auf und baute da einen Altar und opferte Brandopfer und Dankopfer.

5 Und die Kinder Israel sprachen: Wer ist irgend von den Stämmen Israels, der nicht mit der Gemeinde ist heraufgekommen zum HERRN? Denn es war ein großer Eid geschehen, daß, wer nicht hinaufkäme zum HERRN gen Mizpa, der sollte des Todes sterben.

6 Und es reute die Kinder Israel über Benjamin, ihre Brüder, und sie sprachen: Heute ist ein Stamm von Israel abgebrochen.

7 Wie wollen wir ihnen tun, daß die Übriggebliebenen Weiber kriegen? Denn wir haben geschworen bei dem HERRN, daß wir ihnen von unsern Töchtern nicht Weiber geben.

8 Und sprachen: Wer ist irgend von den Stämmen Israels, die nicht hinaufgekommen sind zum HERRN gen Mizpa?

Und siehe, da war im Lager der Gemeinde niemand gewesen von Jabes in Gilead.

9 Denn sie zählten das Volk, und siehe, da war kein Bürger da von Jabes in Gilead.

10 Da sandte die Gemeinde zwölftausend Mann dahin von streitbaren Männern und geboten ihnen und sprachen: Geht hin und schlagt mit der Schärfe des Schwerts die Bürger zu Jabes in Gilead mit Weib und Kind.

11 Doch also sollt ihr tun: alles, was männlich ist, und alle Weiber, die beim Mann gelegen haben, verbannt.

12 Und sie fanden bei den Bürgern zu Jabes in Gilead vierhundert Dirnen, die Jungfrauen waren und bei keinem Mann gelegen hatten; die brachten sie ins Lager gen Silo, das da liegt im Lande Kanaan.

13 Da sandte die ganze Gemeinde hin und ließ reden mit den Kindern Benjamin, die im Fels Rimmon waren, und sagten ihnen Frieden zu.

14 Also kamen die Kinder Benjamin wieder zu der Zeit. Und sie gaben ihnen

die Weiber, die sie hatten erhalten von den Weibern zu Jabes in Gilead; aber es waren ihrer nicht genug für sie.

15 Da reute es das Volk über Benjamin, daß der HERR einen Riß gemacht hatte in den Stämmen Israels.

16 Und die Ältesten der Gemeinde sprachen: Was wollen wir tun, daß die Übriggebliebenen Weiber kriegen? Denn die Weiber in Benjamin sind vertilgt.

17 Und sie sprachen: Die übrigen von Benjamin müssen ja ihr Erbe behalten, daß nicht ein Stamm ausgetilgt werde von Israel.

18 Und wir können ihnen unsre Töchter nicht zu Weibern geben; denn die Kinder Israel haben geschworen und gesagt: Verflucht sei, wer den Benjaminitern ein Weib gibt!

19 Und sie sprachen: Siehe, es ist ein Jahrfest des HERRN zu Silo, das mitternachtwärts liegt von Beth-El, gegen der Sonne Aufgang von der Straße, da man hinaufgeht von Beth-El gen Sichem, und mittagswärts liegt von Lebona.

20 Und sie geboten den Kindern Benjamin und sprachen: Gehet hin und

lauert in den Weinbergen.

21 Wenn ihr dann seht, daß die Töchter Silos heraus mit Reigen zum Tanz gehen, so fahret hervor aus den Weinbergen und nehme ein jeglicher sich ein Weib von den Töchtern Silos und gehet hin ins Land Benjamin.

22 Wenn aber ihre Väter oder Brüder kommen, mit uns zu rechten, wollen wir zu ihnen sagen: Gönnt sie uns; denn wir hatten nicht für jeden ein Weib genommen im Streit. Auch habt nicht ihr sie ihnen gegeben; sonst wäret ihr jetzt schuldig.

23 Die Kinder Benjamin taten also und nahmen Weiber nach ihrer Zahl von den Reigen, die sie raubten, und zogen hin und wohnten in ihrem Erbteil und bauten die Städte und wohnten darin.

24 Auch die Kinder Israel machten sich von dannen zu der Zeit, ein jeglicher zu seinem Stamm und zu seinem Geschlecht, und zogen von da aus, ein jeglicher zu seinem Erbteil.

25 Zu der Zeit war kein König in Israel; ein jeglicher tat, was ihn recht deuchte.

# Anhang und Register

*(1) Menge Bibel*

*(2) Dagon war der nationale Gott der Philister, dessen Haupttempel in Gaza und Asdod standen. Manche haben den Namen auf dag, eine Fischart, zurückgeführt. Andere verbinden jedoch den Fischgott mit Ea, dem Wassergott, oder führen Dagon auf das Wort dagan ("Korn"), ein Gott der Landwirtschaft, zurück.*

*Dieser Götze fiel vor der Bundeslade Israels in Stücke. An seinem Tempel hängten die Philister später auch den Kopf Sauls auf.*

*In Korsabad fand man die Verkörperung eines Gottes, der Kopf und Hände eines Menschen und Körper und Schwanz eines Fisches hat (Ri 16,23 ; 1. Sam 5,2-7 ; 1. Chr 10,10 ).*

*(Quelle: www.bibelkommentare.de)*

## Allgemeines

*Geschildert wird die Zeit nach der Landnahme (Buch Josua) bis kurz vor Beginn der Königszeit unter Saul (ca. 1050 v. Chr.).*

*In dieser Zeit war Israel ein Judikat, d.h., es wurde durch Richter regiert. Die bekanntesten sind die Richterin Debora und die Richter Gideon, Simson und Samuel, unter dem die Richterzeit endete und die Königszeit begann.*

*(Quelle: Wikipedia)*